BERTELSMANN

KINDER FUSSBALLLEXIKON

Bertelsmann Lexikon Institut

Chefredaktion: Dr. Beate Varnhorn
Projektmanagement: Anke Braun, Katja Rauschenberg
Autoren:
Carola Beck, Dr. Wolfgang Hensel, Marc Niemeyer
Redaktion und Producing:
SAW Communications, Mainz, Dr. Sabine A. Werner
Bildredaktion: Edeltraut Siebart, Svenja Schumann
Grafikredaktion: Dr. Matthias Herkt
Layout und Satz:
SAW Communications, Mainz, mit INKA satz & grafik, Rudersberg
Illustrationen: László Veres, Pécs (Ungarn)
Einbandgestaltung: Jo Pelle Küker-Bünermann, Elly Niedergassel
Herstellung: Marcel Hellmund
Druck und Bindung: Druckerei Ernst Uhl GmbH & Co. KG

ISBN-10: 3-577-09023-5
ISBN-13: 978-3-577-09023-0

www.lexikoninstitut.de

Lieber Fußballfan,

weißt du, wer der teuerste Spieler aller Zeiten ist, wie der älteste Verein der Bundesliga heißt, wie die offiziellen Regeln des Fairplay-Kodex lauten und wie man den Gegner am besten vom Ball trennt? Die Antworten auf diese und weitere Fragen findest du in dem neuen »Bertelsmann Kinder-Fußballlexikon«. Rund 750 alphabetisch geordnete Stichwörter, über 75 Infokästen und mehr als 20 ein- oder mehrseitige Überblicksartikel erklären dir die wichtigsten Begriffe und Themen aus der Welt des runden Leders und geben dir tolle Tipps und Tricks, wie du dein eigenes Training verbessern kannst. Besonders komplizierte Sachverhalte, aber auch Standardsituationen werden in über 400 Abbildungen veranschaulicht – bestimmt findest du auch ein Foto von deinem Lieblingsspieler oder das Logo von deinem Lieblingsverein wieder.

Das geballte Wissen des »Bertelsmann Kinder-Fußballlexikons« macht dich fit für den Bolzplatz. Denn das ist ja eigentlich das Wichtigste: der Spaß am Fußballspielen! Dabei solltest du aber auf keinen Fall deine eigenen Kinder-Schirikarten vergessen, die in das Buch eingeklebt sind. Mit der Gelben und der Roten Karte bist du garantiert der Star deiner Mannschaft. Also nichts wie raus auf das Spielfeld und rein in die Fußballschuhe!

Noch etwas zum Schluss: Wir haben natürlich sehr sorgfältig gearbeitet, aber niemand ist perfekt. Wenn du also irgendwo einen Fehler findest, eine Statistik aktualisieren willst oder einfach nur anderer Meinung bist, freuen wir uns, wenn du uns schreibst. Unsere Adresse lautet:

Wissen Media Verlag
– Lexikonredaktion Handel –
Avenwedder Straße 55
33111 Gütersloh

Wir wünschen dir viel Spaß beim Stöbern und
Nachschlagen und natürlich beim Fußballspielen!

Deine Fußballredaktion

WIE BENUTZE ICH MEIN FUSSBALLLEXIKON?

Liebe Leserin, lieber Leser,
bestimmt bist du ein großer Fußballfan und möchtest über deinen Lieblingssport so viel wie möglich wissen. Dieses Lexikon soll dir dabei helfen. In ihm wird aus den vielen unterschiedlichen Themenbereichen, die mit dem Fußballsport zu tun haben, das Wichtigste behandelt. Du findest also Erklärungen zu Regeln und Begriffen, zu berühmten Fußballnationen, Vereinsmannschaften und ihren Stars. In dem Lexikon werden die bekanntesten Wettbewerbe vorgestellt und erklärt, und außerdem gibt es dir praktische Tipps, wenn du selbst Fußball spielst. Vielleicht bist du Fan eines Fußballvereins oder eines bestimmten Spielers und möchtest gleich nachsehen, was in dem Lexikon über »deinen« Spieler oder Verein steht. Du findest im Kinder-Fußballlexikon alle Mannschaften, die in der Zeit, in der es geschrieben wurde, in Deutschland in der 1. oder 2. Bundesliga gespielt haben – und natürlich die berühmtesten Vereinsmannschaften Europas. Unter den Spielern wirst du die größten Stars finden, die den Fußball derzeit so interessant machen, sowie die großen Helden, die das Spiel in der Vergangenheit geprägt haben.
Wenn du etwas nachsehen willst, brauchst du nur das Stichwort unter dem entsprechenden Buchstaben zu suchen. Denn der Inhalt dieses Lexikons ist nach Stichwörtern geordnet. Und diese wiederum stehen in genauer alphabetischer Reihenfolge. Es soll dir aber auch Spaß machen, einfach nur in dem Lexikon zu blättern und zu schmökern. Darum haben wir uns eine Menge einfallen lassen. Die Nummern, die jetzt hier vorne stehen, findest du auf den Beispielseiten in der Mitte wieder. Sie zeigen dir, wovon wir gerade sprechen.

JUGEND-FUSSBALL J ❶

Jugendfußball → S. 95.

❷ **Junioren-Bundesliga:** Höchste Spielklasse im Nachwuchsfußball, in der Jugendliche bis zu einem Alter von 19 Jahren spielen. Seit der Saison 2003/04 ist die Junioren-Bundesliga in drei Gruppen aufgeteilt: Nord/Nordost, West und Süd/Südwest. In jeder Staffel spielen 14 Mannschaften. Aus jede Gruppe steigen pro → Saison drei Vereine ab und werden von drei Aufsteigern ersetzt.

Junioren-Europameisterschaft: Der heutige UEFA-U21-Wettbewerb ersetzte 1976 den U23-Wettbewerb und erhielt 1986 den Status einer Europameisterschaft. An dem europäischem Wettbewerb, der alle zwei Jahre stattfindet, können die U21-Nationalmannschaften der Mitgliederverbände der → UEFA teilnehmen. Jedes Land sendet die Auswahl seiner besten Spieler. Für Deutschland stellt der ❹ → DFB den → Kader der → A-Auswahl zusammen.

Die U21-Nationalmannschaft der Niederlande feiert den Sieg bei der Europameisterschaft 2006

CUP

Die Sieger der UEFA-U21-Europameisterschaft seit 1992

1992	Italien
1994	Italien
1996	Italien
1998	Spanien
2000	Italien
2002	Tschechische Republik
2004	Italien
2006	Niederlande

❸ Szene aus einem A-Juniorenspiel VfB Stuttgart gegen VfL Bochum um die Deutsche Meisterschaft der A-Jugend

Junioren-Nationalmannschaft: Es gibt in Deutschland für verschiedene Altersklassen jeweils eine Junioren-Fußballnationalmannschaft, bei den Jungen beginnend mit der U15-Mannschaft bis zur U21-Mannschaft. Bei den Mädchen gibt es die U17-, U19- und U21-Mannschaft. Auch hier werden in Vierjahresabständen Europa- und Weltmeisterschaften veranstaltet.

94

❶ Der **große Buchstabe** am oberen Rand der Buchseite ist der Anfangsbuchstabe der Stichwörter auf dieser Seite. Auf einer linken Buchseite steht darüber das erste Stichwort dieser Seite, auf einer rechten Buchseite das letzte Stichwort der Seite. Dies hilft dir beim Suchen.

❷ Die **Stichwörter** sind fett gedruckt und stehen ein bisschen vor. Sie sind in alphabetischer Reihenfolge geordnet. Die Wörter mit Umlauten (ä, ö, ü) werden dabei wie Wörter mit a, o und u eingeordnet. In dem Lexikontext wird das Stichwort erklärt.

❸ Viele Texte werden durch **Bilder** – Fotos oder anschauliche Zeichnungen – ergänzt. Sie geben zusätzliche Erklärungen und erleichtern das Verstehen. Du solltest sie dir deshalb genau ansehen!

5

Die deutsche U16-Fußballnationalmannschaft im Jahre 2003

Auch für die Kleinsten gibt es schon Wettbewerbe: Im Bild Finn Bussmann beim 15. Super-Fohlen-Cup des FC Burgsolms.

Jugendfußball

Für die Kinder und Jugendlichen, die in einem dem → DFB angeschlossenen Verein spielen, gelten genauso strenge Regeln wie für erwachsene Fußballspieler. Sie werden je nach ihrem Alter in Gruppen eingeteilt und spielen in Meisterschaften und Pokalspielen gegeneinander. Gute Spieler der Jungendmannschaften können in die Jugend-Nationalmannschaften berufen werden.

6

Jugend-Alterseinteilung

A-Jugend	16 – 18 Jahre
B-Jugend	14 – 16 Jahre
C-Jugend	12 – 14 Jahre
D-Jugend	10 – 12 Jahre
E-Jugend	8 – 10 Jahre
F-Jugend	6 – 8 Jahre
G-Jugend	4 – 6 Jahre

Vom Minikicker in die Nationalmannschaft
Fußballbegeisterte Jungen und Mädchen – sie heißen beim DFB »Junioren« und »Juniorinnen« – können bereits mit vier Jahren in eine Mannschaft eintreten und als »Minikicker« in den G-Jugend/Junioren-Mannschaften mitspielen. Mit zunehmendem Alter steigen sie über die F- bis schließlich zur A-Jugend auf. Für Jugendmannschaften gelten besondere Regeln, die Spielplätze sind je nach Alter etwas kleiner, und die Spiele dauern nicht zweimal 45 Minuten (A-Jugend und Erwachsenenfußball), sondern von zweimal 20 (G-Jugend) bis zweimal 40 Minuten (B-Jugend). Die Spieler der A-Jugend spielen in Regionalligen, in einem DFB-Junioren-Vereinspokal, und die besten Vereine steigen seit 2003/04 in eine dreigliedrige Bundesliga aus 42 Mannschaften auf. Sie ermitteln unter sich den Deutschen Meister. Die besten Spieler der Jugendmannschaften werden gezielt vom DFB gefördert und können in die Nationalmannschaft berufen werden.

Internationale Wettbewerbe
Im Jugendfußball gibt es keine internationalen Vereinsmeisterschaften, aber Europa- und Weltmeisterschaften. Die Nationalmannschaften werden mit »U« und dem höchsten erlaubten Alter bezeichnet. Spieler und Spielerinnen aus der B-Jugend werden z.B. in den U15- und U16-Nationalmannschaften zusammengefasst. Jährlich finden eine U16- und eine U19-, dazu alle zwei Jahre eine U21-Europameisterschaft statt. Um die Weltmeisterschaft spielen alle zwei Jahre die U17- und U20-Mannschaften.

Jugendliche in aller Welt lieben Fußball, so wie diese drei, die im afrikanischen Kongo leben.

95

6 Zu einigen Stichwörtern gibt es **Infokästen**. Hier kannst du noch etwas erfahren, was die Erklärung ergänzt und vervollständigt! Es gibt fünf Arten von Infokästen:

Kinderfrage
In einem solchen Kasten findest du Antworten auf Fragen, die Kinder zu Fußballthemen häufig stellen. Wenn du schon immer mal wissen wolltest, was die »Hand Gottes« oder der »Schalker Kreisel« im Fußball zu suchen haben – im Lexikon wird's erklärt!

Superwissen
Das Superwissen hält interessante Infos für dich bereit: Besonderheiten, Hintergründe und manchmal beinahe Unglaubliches aus der Welt des Fußballs. Mit diesen Informationen bist du anderen immer eine Nasenlänge voraus!

Rekorde
Immer wieder werden im Fußball von Spielern oder Mannschaften beeindruckende Rekorde aufgestellt. Diese Kästen zeigen dir die bedeutendsten Leistungen im nationalen und internationalen Fußball.

Tipps und Tricks
Das sind die Kästen für die aktiven Fußballspieler! Hier werden Techniken beschrieben und erklärt, die dir helfen, den Spielablauf zu verstehen und dein Spiel zu verbessern.

Regeln
Diese Kästen informieren dich über Spielregeln beim Fußball und die Regelungen rund um das Spiel. Die Texte in den Kästen erläutern diese Regeln und schildern die Situationen, in denen sie gelten.

4 In vielen Texten findest du diesen **Pfeil** »→«. Er zeigt dir, dass es zu dem dahinter stehenden Wort ein eigenes Stichwort gibt. Wenn du dort nachschlägst, erhältst du mehr Informationen zum Thema oder findest die Erklärung des Wortes, falls du seine Bedeutung nicht kennst.

5 Die Themen, die zu kompliziert und zu lang geworden wären für ein Stichwort, haben wir auf einer oder zwei Seiten zusammengefasst. Das sind die **Überblicksartikel** mit ausführlichen Informationen und vielen Bildern. An der Stelle, an der das Stichwort stehen sollte, findest du dann so einen Hinweis: **Jugendfußball** → S.55. Dann findest du den Überblicksartikel auf der genannten Seite. Überblicksartikel können auch über zwei Seiten gehen.

Auf manchen Seiten findest du auch **schematische Zeichnung**, damit du dir bestimmte Spielzüge und -abläufe besser vorstellen kannst. In diesem Beispiel hier kannst du sehen, wie ein Ball abgefälscht wird.

Wie funktioniert ein Seitfallzieher und was ist ein Dropkick? Wie trickse ich den Gegner am wirkungsvollsten aus? Damit du genau sehen kannst was man mit dem Ball alles machen kann, findest du auf manchen Seiten **Grafiken**. Dieses Beispiel findest du beim Stichwort »abschirmen«.

Abseits

Durch die Abseitsregel soll ein Angriffsspieler daran gehindert werden, direkt vor dem Tor auf Pässe zu lauern und den Ball einzuschießen. Zwischen ihm und der Torlinie müssen zum Zeitpunkt der Ballabgabe mindestens zwei Spieler der verteidigenden Mannschaft stehen, in der Regel sind das der Torhüter und ein Verteidiger. Das Abseits gehört zu den ältesten Regeln des Fußballs, es wird bereits im englischen Regelwerk von 1863 erwähnt. Was diese mehrfach veränderte Regel kompliziert macht und immer wieder für Diskussionen sorgt, sind Ausnahmen und Sonderregeln. Die Strafe für eine Abseitsposition ist ein indirekter ➔ Freistoß für die verteidigende Mannschaft. Ein Tor, das aus der Abseitsposition heraus erzielt wird, wird nicht anerkannt.

Strittige Entscheidung in Bern

Als ➔ »Wunder von Bern« ging das Endspiel Deutschland gegen Ungarn im Jahr 1954 in die Geschichte ein. 3 : 2 stand es damals nach dem Abpfiff – die als Außenseiter gestartete Nationalelf Deutschlands war Weltmeister! Aber nur, weil der Schiedsrichter beim Ausgleich zum 3 : 3 durch den Ungar Ferenc Puskás auf Abseits pfiff. Eine Entscheidung, deren Richtigkeit mancher Ungar noch heute anzweifelt …

Abseits

In dieser Situation steht der rechte Stürmer der angreifenden Mannschaft im Abseits. Er nimmt den Ball seines Mitspielers an und schießt direkt auf das Tor, obwohl er zum Zeitpunkt der Ballabgabe als Einziger vor dem Torwart steht. In Abseitsposition wäre er auch dann, wenn sein Mitspieler den Ball gegen den Pfosten tritt und er den abprallenden Ball ins Tor schießt.

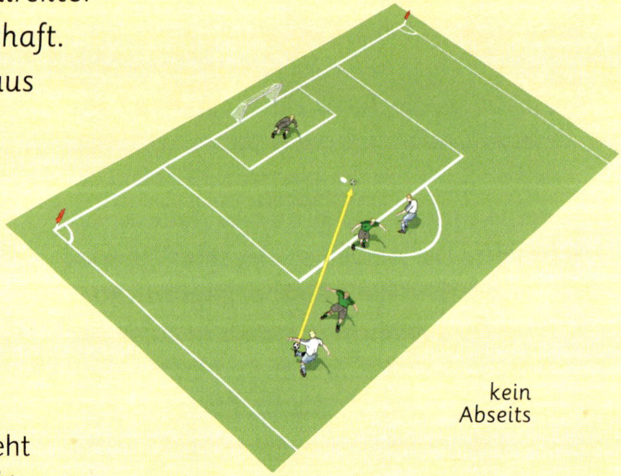

kein Abseits

Hier steht der rechte Spieler der angreifenden Mannschaft zum Zeitpunkt der Ballabgabe nicht im Abseits. Zwischen ihm und der Torlinie stehen ein Verteidiger und der Torwart: Das Tor wird anerkannt.

gleiche Höhe =
kein Abseits

Der Schiedsrichterassistent zeigt mit der Fahne eine Abseitsposition an.

Bei dieser Situation müssen Schiedsrichter und vor allem der Schiedsrichterassistent genau auf Ballhöhe sein. Stehen Angreifer und Abwehrspieler bei der Ballabgabe nämlich auf gleicher Höhe, ist der Angreifer nicht im Abseits. Ein aus dieser Stellung geschossenes Tor wird gewertet. Gleiche Höhe bedeutet, dass beide auf einer rechtwinklig zur Seitenauslinie gezogenen, theoretischen Linie stehen.

Es gibt mehrere Ausnahmen von der Abseitsregel. Nimmt der Spieler der angreifenden Mannschaft einen Ball an, der als ➔ Eckstoß, ➔ Abstoß vom Tor oder ➔ Einwurf ins Spiel gebracht wird, befindet er sich nicht im Abseits, selbst wenn zwischen ihm und der Torlinie nur der Torwart steht. Das gilt übrigens auch in dem seltenen Fall eines Schiedsrichterballs (der Schiedsrichter lässt den Ball nach einer Spielunterbrechung aus Brusthöhe auf den Boden fallen).

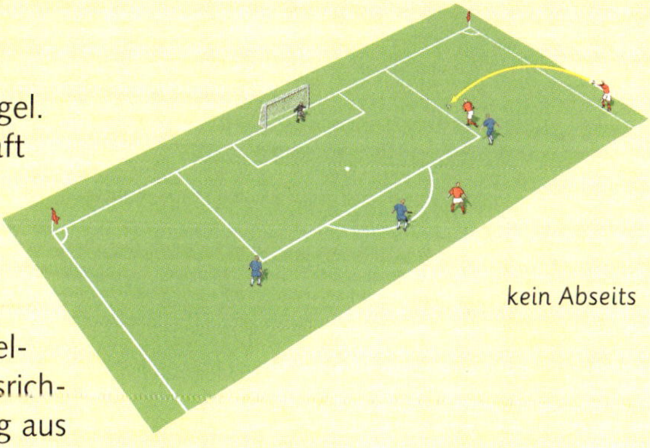

kein Abseits

Abseits-
falle

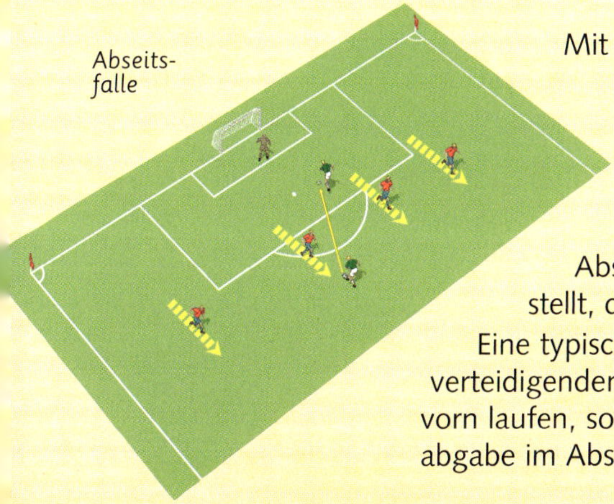

Mit einem riskanten Manöver können die Spieler der verteidigenden Mannschaft einen Stürmer bewusst in die Abseitsposition bringen. Voraussetzung für diesen taktischen Trick ist allerdings, dass alle Verteidiger auf etwa gleicher Höhe stehen und gleichmäßig und genau im richtigen Augenblick reagieren. Abseitsfallen werden im modernen Fußball selten gestellt, da sie den ➔ Spielfluss schon früh unterbrechen.

Eine typische Abseitsfalle entsteht dann, wenn die Spieler der verteidigenden Mannschaft unmittelbar vor der Ballabgabe nach vorn laufen, so dass der vordere Stürmer zum Zeitpunkt der Ballabgabe im Abseits steht.

ten noch beteiligt sind. Sie spielen in acht Spielen gegeneinander. Die Sieger aus den jeweiligen Partien ziehen in das ➔ Viertelfinale ein.

Akers, Michelle: Die Weltklassestürmerin spielte von 1985 bis 2000 für das US-amerikanische Frauen-Nationalteam, für das sie in 153 Länderspielen 105 Tore schoss. Akers war mit dafür verantwortlich, dass der Frauenfußball in den ➔ USA so beliebt wurde. Sie war die erste Spielerin, die einen Sponsorenvertrag angeboten bekam und weltweit berühmt wurde.
GEBOREN: 1. 2. 1966 in Santa Clara, USA
SPIELPOSITION: Angriff
GRÖSSTE ERFOLGE: Olympiasiegerin mit den USA (1996); Weltmeisterin mit den USA (1995, 1999)

Michelle Akers (links), US-amerikanische Weltklassefußballerin, im Zweikampf

Aktionsradius: Der Raum, in dem ein Spieler wirkungsvoll agiert. Je mehr und je weiter sich ein Spieler bewegt, desto größer wird sein Aktionsradius.

Alleingang: Durchbricht ein Spieler die gegnerische Abwehr und stürmt ohne die Unterstützung eines Mitspielers auf das gegnerische Tor zu, nennt man das einen Alleingang.

Allroundspieler: Als Allroundspieler gilt ein Fußballer, der sowohl im Angriff als auch in der Verteidigung stark ist und deshalb auf verschiedenen Positionen eingesetzt werden kann. Für eine Mannschaft ist es sehr vorteilhaft, solche Spieler zu haben.

Amateur: Fußballspieler, der nicht hauptberuflich als Fußballer arbeitet, keinen ➔ Vertrag und keine ➔ Lizenz besitzt und für seine Einsätze kein Geld (außer Spesen, also Vergütungen seiner Auslagen) erhält. Er darf an den Olympischen Spielen teilnehmen. Außer in der 1. und 2. Bundesliga spielen in Deutschland nur Amateure. Die Bundesligavereine können bis zu zwei Amateure pro Spiel einsetzen.

Ampelkarte: Ist ein Spieler schon mit einer ➔ Gelben Karte verwarnt und begeht im selben Spiel ein weiteres »gelbwürdiges« Foul, sieht er erneut die Gelbe und zusätzlich die Rote Karte (man sagt »er sieht gelb-rot«) und muss den Platz verlassen. Ampelkarte nennt man das, weil hier, wie bei der Ampel, Rot auf Gelb folgt. Ein Profispieler ist dann automatisch für das nächste Pflichtspiel gesperrt. Im Amateur- und Jugendbereich darf der Spieler beim nächsten Spiel wieder mit dabei sein.

Kleine Amateure

Aus den Vereinen ist zu hören, dass noch nie zuvor so viele Mädchen und Jungen unter zehn Jahren im Verein Fußball gespielt haben wie heute. Etwa die Hälfte aller Juniorenfußballer und -fußballerinnen auf Vereinsebene sind unter zehn Jahre alt. Die ersten beiden Jahrgänge bilden die F-Jugend und die E-Jugend. In der F-Jugend spielen Kinder bis zu acht Jahren, in der E-Jugend Kinder bis zu zehn Jahren. Die jüngsten Spieler, die für die F-Jugend noch zu klein sind, werden »Mini-Kicker«, »Bambinis« oder scherzhaft auch »Pampers-Kicker« genannt.

Amsterdam, Ajax: einer der drei erfolgreichsten Fußballvereine der Niederlande. Die Geschichte des Vereins reicht zurück bis ins Jahr 1883, als Studenten in einem Café die Gründung eines Fußballvereins unter dem Namen Union beschlossen. Elf Jahre später wurde daraus der »Foot-Ball Club Ajax« – den antiken Helden Ajax, der für seine Kampfesfreude bekannt war, trägt der Verein bis heute in seinem Emblem. Durch Streitigkeiten kam es zum Verfall des Vereins, der jedoch bereits 1900 erneut ins Leben gerufen wurde. Ajax Amsterdam gewann insgesamt 29-mal die niederländische Landesmeisterschaft, 16-mal den Pokal und feierte auch international Triumphe: Alleine im Jahr 1995 konnte der Verein den Sieg in der Champions League, den Europäischen Supercup und den Weltpokal erringen.

GEGRÜNDET: 18. 3. 1900 (Vorgänger 1883)
STADION: Amsterdam Arena, 51 342 Zuschauerplätze
INTERNET: www.ajax.nl

anbieten: Ein Spieler läuft sich frei und macht den ballbesitzenden Mitspieler auf sich aufmerksam, damit dieser ihm den Ball zuspielen kann – er bietet sich seinen Mitspielern an.

Anderlecht, RSC: belgischer Fußballverein aus dem Brüsseler Stadtteil Anderlecht. RSC steht für »Royal Sporting Club«. Der Verein wurde 1908 ins Leben gerufen. Insgesamt 28-mal war der RSC Anderlecht belgischer Meister. 1983 errang er den UEFA-Pokal. Seine größten internationalen Erfolge waren 1976 und 1978 der Gewinn des Europapokals der Pokalsieger.

GEGRÜNDET: 27. 5. 1908
STADION: Constant Vanden Stock, 28 000 Zuschauerplätze.
INTERNET: www.rsca.be

Ajax Amsterdam feiert mit Trainer Danny Blind den 16. Pokalsieg der Vereinsgeschichte.

Anfangsoffensive: Angriffstaktik, mit der eine Mannschaft den Gegner bereits zu Beginn einer Partie unter Druck setzt und dadurch Torchancen oder gar Tore herausspielt.

anfeuern: die Mannschaft oder einzelne Spieler lautstark und stimmungsvoll unterstützen.

Angriff: Gegenpart zum taktischen Spiel der ➔ Abwehr. Die angreifende Mannschaft ist in Ballbesitz und spielt auf das gegnerische Tor.

Angstgegner: Verschiedene Gründe lassen aus einer gegnerischen Mannschaft einen Angstgegner werden. Besonders häufige Niederlagen oder besonders schwere Niederlagen können Ursache dafür sein, dass eine Mannschaft eine andere besonders fürchtet. Die Angst vor einer erneuten Niederlage kann die bisher unterlegene Mannschaft auf dem Platz so befangen machen, dass sich ihr Misserfolg wiederholt.

Anpfiff: Beginn des Spiels durch den ➔ Pfiff des Schiedsrichters. Auch nach der ➔ Halbzeit oder nach einem Tor wird das ➔ Spiel vom Schiedsrichter wieder angepfiffen.

Anschlusstreffer: das Tor, das die zurückliegende Mannschaft wieder bis auf ein Tor an die Torzahl des Gegners heranbringt, z. B. das Tor von 2:4 auf 3:4.

Vor dem Anpfiff

Nachdem sich die Spielführer der beiden Mannschaften und das ➔ Schiedsrichtergespann begrüßt haben, erfolgt die Seitenwahl. Jeder der beiden Spielführer wählt eine Seite einer Münze, die der Schiedsrichter ausgesucht hat. Die Mannschaft, die das Los gewinnt, kann die Spielfeldhälfte wählen. Die Mannschaft, die die Seitenwahl verloren hat, darf den Anstoß ausführen. Zu Beginn der zweiten Spielhälfte werden die Seiten gewechselt, und es stößt die andere Mannschaft an. Der Schiedsrichter muss sich vor der Partie vergewissern, dass das Spielfeld, der Ball und die ➔ Ausrüstung der Spieler nach den Regeln des ➔ DFB korrekt sind.

anschneiden: Wird der Ball nicht in der Mitte getroffen, sondern mit dem Innen- oder Außenspann etwas seitlich, beschreibt er eine für den Gegner schwer vorhersehbare Flugkurve – er ist angeschnitten. ➔ Angeschnittene Bälle, S. 18.

Anstoß: Zum Spielbeginn, zu Beginn jeder ➔ Halbzeit und nach einem Tor pfeift der ➔ Schiedsrichter zum Anstoß. Alle Spieler müssen sich in ihrer eigenen Spielhälfte befinden. Die gegnerischen Spieler müssen 9,15 m weit vom Ball entfernt sein (Anstoßkreis). Dieser liegt auf dem Mittelpunkt des Spielfeldes und muss nach dem ➔ Pfiff des Schiedsrichters nach vorn, in die Spielfeldhälfte des Gegners, gespielt werden.

antäuschen: den Gegner durch eine angedeutete Aktion täuschen, die abgebrochen und in eine andere, schwer voraussehbare Aktion abgewandelt wird. Eine Aktion antäuschen können auch mehrere Spieler einer Mannschaft zusammen. So kann beispielsweise ein Spieler vorgeben, den Ball zu spielen, in Wirklichkeit schießt aber sein Mitspieler.

Anzeigetafel: Einrichtung im Stadion, die den Spielstand und die Uhrzeit oder die gespielten Minuten anzeigt. Auf der Anzeigetafel können auch die Vereinsnamen der Teilnehmer und Werbung platziert werden.

Argentinien, Nationalmannschaft: Die argentinische Fußball-Nationalmannschaft wurde am 1. Mai 1890 gegründet und trug ihr erstes Länderspiel am 16. Mai 1901 in Uruguay aus. Sie ist eine der erfolgreichsten Nationalmannschaften der Welt. In den Jahren 1978 und 1986 holte sie den Weltmeistertitel, bei ihrer ersten WM-Teilnahme 1930 und im Jahr 1990 wurde sie Vizeweltmeister. 2004

Fans feuern Ihre Mannschaft an.

Angeschnittene Bälle

Wenn man einen Eckstoß direkt verwandeln oder einen Freistoß um eine Abwehrmauer herumzirkeln will, muss der Ball eine gekrümmte Flugbahn annehmen. Dies kann man erreichen, indem man den Ball anschneidet, also ihm beim Schießen einen Drall versetzt. Trifft man den Ball mit dem ➔ Außenrist des Fußes auf seiner linken Seite, so krümmt sich die Flugbahn des Balles nach rechts. Trifft man den Ball mit dem ➔ Innenrist auf seiner rechten Seite, fliegt die Kugel nach links. Solche mit Effet geschossenen Bälle sind sehr gefährlich und für den Gegner nur schwer zu berechnen.

erkämpfte sie bei den Olympischen Spielen die Goldmedaille. 14-mal war sie Sieger beim Copa Americána, dem Pokalspiel des südamerikanischen Fußballverbandes. Seit 1982 qualifizierte sich Argentinien für jede FIFA WM in Folge, insgesamt war sie 14-mal WM-Teilnehmer. Untrennbar verbunden ist mit den Argentiniern der legendäre Spieler Diego ➔ Maradona. Maradona war auf Argentiniens Weg zum Weltmeistertitel 1986 der überragende Spieler des Turniers. Sein Tor im ➔ Viertelfinale gegen England wurde später von der ➔ FIFA zum »Tor des Jahrhunderts« gekürt. Bei der WM 2006 spielte das argentinische Nationalteam in der Vorrunde überzeugend die Favoritenrolle, bevor die »Gauchos« im Viertelfinale gegen Deutschland ausschieden (5 : 3 n. E.).

Asamoah, Gerald: Der aus Ghana stammende Angreifer war der erste in Afrika geborene Spieler, der für die deutsche Nationalelf kickte. Direkt bei seinem ersten Länderspieleinsatz 2001 gelang ihm ein Tor. Asamoah ist ein absoluter Teamplayer. Kampfgeist, Einsatz und Durchsetzungskraft setzt er häufig für gelungene Torvorlagen ein.
GEBOREN: 3. 10. 1978 in Mampong, Ghana
SPIELPOSITION: Angriff
VEREIN: FC Schalke 04 (seit 1999)
GRÖSSTE ERFOLGE: Deutscher Pokalsieger mit dem FC Schalke 04 (2001, 2002)

attackieren: bekämpfen des gegnerischen Spielers mit allen erlaubten Mitteln, um diesen vor und nach der Ballannahme zu stören und selbst in Ballbesitz zu gelangen.

Diego Armando Maradona feiert mit der argentinischen Nationalmannschaft den Erfolg im FIFA WM-Endspiel 1986.

Gerald Asamoah im Trikot der deutschen Nationalmannschaft 2004 im Spiel gegen Thailand

Aue, FC Erzgebirge: Der sächsische Fußballclub, der in den 1950er Jahren zu den besten Mannschaften des ostdeutschen Fußballs zählte, blickt auf eine bewegte Geschichte zurück. Von 1945 bis heute hatte der Verein nicht weniger als acht Namen: 1945 SG Aue, 1946 bis 1949 Pneumatik Aue, 1949 bis 1951 Zentra Wismut Aue, 1951 bis 1954 BSG Wismut Aue, 1954 bis 1963 SC Wismut Karl-Marx-Stadt, 1963 bis 1990 BSG Wismut Aue, 1990 bis 1993 FC Wismut Aue, seit 1993 FC Erzgebirge Aue. Der größte Erfolg gelang dem Club 2003 mit dem Aufstieg in die 2. Bundesliga.
GEGRÜNDET: 4. 3. 1946
STADION: Erzgebirgsstadion, 16 500 Zuschauerplätze
INTERNET: www.fc-erzgebirge.de

Aufstellung: Sie gibt die Spielpositionen und die Namen der eingesetzten Spieler an. Die Aufstellung wird vor dem → Anpfiff bekannt gegeben. Angezeigt wird: 1. Wer wo in der Startelf steht, 2. welche Spieler als Auswechselspieler geführt werden, 3. wer Kapitän ist, 4. welcher Spieler als Torhüter vorgesehen ist, 5. wer nicht zur Verfügung steht und wer gesperrt ist. Je nachdem, ob ein Verein eher offensiv oder defensiv spielen will, werden mehr oder weniger Verteidiger, Mittelfeldspieler und Stürmer eingesetzt.

Aufstieg: Wechsel einer Mannschaft in die nächsthöhere Turnierklasse (Liga) nach Saisonende. Aus der 2. Bundesliga steigen jedes Jahr die drei Bestplatzierten in die 1. Bundesliga auf und ersetzen dort die drei abgestiegenen Mannschaften.

aufwärmen: bewegen der Muskulatur, um sie aufzulockern. Aufwärmen ist sehr wichtig zu Beginn jedes Trainings oder

Lukas Podolski (links) und Bastian Schweinsteiger (rechts) beim Aufwärmen für das Viertelfinale der WM 2006.

So wärmst du dich richtig auf!

Das Aufwärmen vor dem Spiel kann richtig Spaß machen. Natürlich solltest du am Anfang ein paar Runden um den Platz laufen und danach die Beinmuskeln dehnen. Aber dann kann's losgehen mit einem Aufwärmspiel, zum Beispiel »Fünf gegen zwei«. Auf einem begrenzten Platz von etwa fünf mal fünf Metern spielen sich fünf Spieler direkte Kurzpässe zu, während zwei weiter Spieler, die Balljäger, versuchen, ihnen den Ball abzunehmen. Wenn das gelingt, wechselt der erfolgreiche Spieler zu den fünf und der Verlierer wird zum Balljäger.

vor dem Spiel. Es steigert die Leistung und hilft, Verletzungen zu vermeiden.

Auf-Zeit-Spielen: Verzögerungstaktik der führenden Mannschaft kurz vor Spielende, um dem Gegner keine Gelegenheit mehr zum Angriff zu geben. Aktionen wie Abstöße und Einwürfe werden im Zeitlupentempo vollzogen, um möglichst lange in Ballbesitz zu bleiben. Das wird bis zu einer gewissen Grenze toleriert. Für → Zeitspiel kann es aber auch die → Gelbe Karte geben.

Augenthaler, Klaus: deutscher Abwehrspieler und Trainer. »Auge« bestritt für den FC Bayern → München von 1976 bis 1991 404 Bundesliga-Spiele. Als Nationalspieler holte er mit der deutschen Nationalmannschaft 1990 den WM-Titel. 1991 stieg er in seine Trainerkarriere ein, die über die Stationen Co-Trainer beim FC Bayern München über den Grazer AK und den 1. FC → Nürnberg bis zu Bayer → Leverkusen führte. Er rettete Bayer Leverkusen vor dem Abstieg und erreichte in der Saison 2003/04 den dritten Platz und somit die Qualifikation zur Champions League. Es folgte eine weitere erfolgreiche Saison, bevor Augenthaler im Herbst 2005 als Trainer entlassen wurde und zum VfL → Wolfsburg wechselte.
Geboren: 26. 9. 1957 in Fürstenzell
Spielposition: Verteidigung
Verein (als Spieler): FC Bayern München
Vereine (als Trainer): Grazer AK, 1. FC Nürnberg, Bayer Leverkusen, VfL Wolfsburg
Grösste Erfolge (als Spieler): Deutscher Meister mit dem FC Bayern München (1980, 1981, 1985, 1986, 1987, 1989,

Der Trainer Klaus Augenthaler setzt sich gegen Bastian Schoof bei einem Trainingsspiel von Bayer Leverkusen im Zweikampf durch.

1990); Deutscher Pokalsieger mit dem FC Bayern München (1982, 1984, 1986); Weltmeister mit Deutschland (1990)

Augsburg, FC: Nach 23 Jahren ist dem FC Augsburg der Aufstieg in die 2. Bundesliga mit Trainer Rainer Hörgl wieder geglückt. Als Sieger der Regionalliga Süd setzte sich der fast 100-jährige Verein mit einer Rekordpunktzahl (76 Punkte in 34 Spielen) gegen seine Konkurrenten durch. Zwischen 1979 und 1983 durften die Spieler des FC Augsburg schon mehrfach in der 2. Bundesliga spielen.
GEGRÜNDET: 8. 8. 1907
STADION: Rosenau, 32 354 Zuschauerplätze
INTERNET: www.fcaugsburg.de

Ausball: Überschreitet ein Ball mit vollem Balldurchmesser die Linie, die das Spielfeld begrenzt, dann ist er aus. Entscheidet der Linienrichter, dass der Ball im Aus ist, wird das Spiel unterbrochen und mit → Einwurf, → Eckball oder → Abstoß fortgesetzt.

Ausgleichstreffer: Das Tor, das zum Gleichstand mit den Toren des Gegners führt, z. B. das Tor vom 0:1 zum 1:1.

Ausländerregelung: Bestimmung, wie viele Ausländer in der 1. und 2. Bundesliga in der Mannschaftsaufstellung stehen dürfen. Die Regelung unterlag mehrfach Änderungen. Bis zur Saison 2004/05 gab es keine Beschränkung für Spieler aus EU-Ländern, bis zu fünf Spieler aus Nicht-EU-Staaten durften aufgestellt werden. Ab der Saison 2005/06 sollen bis zu vier, ein Jahr später noch drei Nicht-Europäer eingesetzt werden dürfen. Darauf hatten sich → DFB, → DFL und die Vereine beim DFB-Bundestag im Oktober 2004 geeinigt. Die → UEFA will bereits ab der Saison 2005/06 nach und nach die von

Warum scheiterte der VfB Stuttgart 1992 in der Champions League?

Trainer Christoph Daum hatte den VfB → Stuttgart 1992 zum vierten Meistertitel geführt. In der ersten Runde der → Champions League traf Stuttgart auf Leeds United. Das Heimspiel hatte der VfB mit 3 : 0 gewonnen, und im Rückspiel lag man kurz vor Schluss mit 1 : 4 zurück. Das hätte über die → Auswärtstorregel für Stuttgart gereicht. Aber in der 83. Minute wechselte der Trainer seinen ausländischen Spieler Simanic ein. Nach der damaligen Regelung durften nur drei Ausländer spielen. Simanic war aber jetzt der vierte Ausländer, der für Stuttgart auf dem Spielfeld stand. Keiner hatte mitgezählt! Das Spiel wurde wegen des Regelverstoßes mit 3 : 0 für Leeds gewertet. Das Entscheidungsspiel in Barcelona verlor der VfB Stuttgart mit 1 : 2 und schied aus der Champions League aus.

Land zu Land unterschiedlichen Ausländerregelungen abschaffen und durch eine europaweite Regelung ersetzen.

Auslosung: Ziehen der Teilnehmer eines Turniers, um festzulegen, wer wann gegen welchen Gegner spielt. So wird unter den Mannschaften, die für nationale und internationale Wettbewerbe qualifiziert sind, ausgelost, welche Teams gegeneinander antreten müssen. Für die Europa- oder Weltmeisterschaft wird zum Beispiel die Startkombination der Teilnehmer in der Gruppenphase ausgelost.

Ausputzer: Spielerposition in der taktischen Aufstellung der Verteidigung, die in den 1940er Jahren erfunden und vor allem in den 1960er Jahren eingesetzt wurde. Der Ausputzer ist der letzte Abwehrspieler vor dem Torwart. Er hat ausschließlich Verteidigungsaufgaben und soll kritische Situationen vor dem eigenen Tor bereinigen. Aus dieser Position entwickelte sich der ➔ Libero.

Auch in den 1990er Jahren wurden noch gelegentlich Ausputzer eingesetzt: hier Jürgen Kohler.

Ausputzer und Abstauber

Obwohl die Bezeichnungen das vermuten lassen, sind diese beiden Spielertypen keinesfalls für die hygienische Sauberkeit auf dem Fußballfeld zuständig! Der Ausputzer sorgt für klare Verhältnisse vor dem eigenen Tor, indem er als letzter Abwehrspieler die gegnerischen Angreifer stoppt oder die Bälle wegschlägt. Da er nur mit Abwehraufgaben befasst ist, sind seine fußballerischen Möglichkeiten eher beschränkt, weshalb er im modernen Fußball kaum noch eine Rolle spielt. Den ➔ Abstauber dagegen findet man noch immer vor dem gegnerischen Tor, wo er die Fehler anderer ausnutzt oder auf Abpraller lauert und sie aufnimmt, um sie in so genannte Abstaubertore zu verwandeln.

Außenspannstoß: Der Ball wird mit der Außenseite des Fußes, zwischen Zehengelenk und Außenknöchel gespielt. Der Schuss mit dem Außenspann ist gut geeignet für Überraschungen: Um kurze, verdeckte Pässe zu spielen, am besten verbunden mit einer Körpertäuschung, ist die Stoßtechnik ideal und kann wirkungsvoll beim ➔ Doppelpass eingesetzt werden.

Außenseiter: Mannschaft, der bei einem Spiel oder bei einem Turnier aufgrund mangelnder Leistung im Vorfeld keine großen Erfolgschancen eingeräumt werden.

Außenstürmer: Spieler, der den Angriff an der Seitenlinie vorantreibt.

Außenverteidiger Arne Friedrich (links) bringt den Ball vor Angreifer Carlos Tevez (Argentinien) in Sicherheit.

Außenverteidiger: Abwehrspieler, der seine Position nahe der Seitenlinie hat.

Ausrüstung ➔ S. 24.

Austragungsmodus: Festlegung, wo, wann und wie der Sieger eines Turniers ermittelt wird. Für die Bundesliga bestimmt der ➔ DFB den Austragungsmodus. Generell gibt es zwei Qualifikationssysteme: den Meisterschaftsmodus und den Pokalmodus. Im Meisterschaftsmodus spielt jeder gegen jeden, und es ergibt sich eine Tabelle, wie beispielsweise in der Bundesliga. Im Pokalmodus treten die Mannschaften in K.o.-Runden gegeneinander an. Wie im DFB-Pokal scheidet die Mannschaft aus, die das Spiel verliert, der Gewinner kommt eine Runde weiter.

Auswahlmannschaft: Die besten Spieler einer Mannschaft bilden die Auswahlmannschaft, z. B. einer Schule, einer Stadt, eines Kreises. Bei der Landesauswahl spricht man von der ➔ Nationalmannschaft. Da die Auswahlmannschaft immer auch ein bestimmtes Gebiet oder eine bestimmte Gruppe repräsentiert, nennt man sie auch Repräsentativmannschaft.

Auswärtstorregel: Haben beide Mannschaften nach dem ➔ Hin- und dem ➔ Rückspiel bei einem Pokal- oder Entscheidungsspiel die gleiche Torzahl, dann kommt die Mannschaft weiter, die mehr Auswärtstore erzielt hat. Der Grund für

Fortsetzung auf S. 25

Die U21-Nationalmannschaft als Auswahlmannschaft Deutschlands 2004 vor einem Länderspiel gegen Litauen

Ausrüstung

Natürlich darf man auf einem Bolzplatz mit Straßenhosen und Turnschuhen spielen, auf dem Platz muss ein Fußballspieler aber korrekte Fußballkleidung und -ausrüstung tragen. Jeder Feldspieler zieht Trikot und Hose in den Mannschaftsfarben mit ➔ Rückennummer an, die Kleidung des Torwarts weicht davon ab.

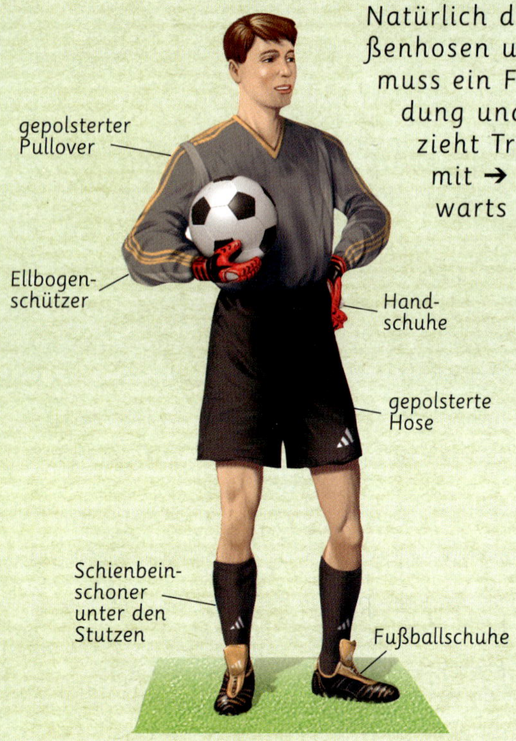

Der Torhüter

Trikot und Hose des Torhüters haben eine andere Farbe als die der Feldspieler und des Schiedsrichters. Im ➔ Strafraum hat der Torhüter besondere Rechte und muss sich daher auf den ersten Blick von den übrigen Spielern unterscheiden.
Er trägt Fußballschuhe und gepolsterte Schienbeinschützer unter den kniehohen Stutzen. Torwarthose und Trikot sind gepolstert. Besonders wichtig sind die Torwarthandschuhe. Sie haben eine griffige Innenseite und müssen genau passen, damit er sicher fangen, fausten und werfen kann.

Die Feldspieler

Feldspieler treten in einheitlichen Hosen und Trikots in den Farben ihres Vereins an. Sie unterscheiden sich nur in den Rückennummern. Der Kapitän der Mannschaft (➔ Spielführer) wird durch eine Armbinde kenntlich gemacht. Wenn die Vereinsfarben der Gegner zu ähnlich sind, darf in der 1. und 2. Bundesliga der Heimverein »seine« Farbe wählen, und der Gast muss sich umstellen. In den anderen Spielklassen tritt der Gast in der Vereinsfarbe an und der Gastgeber ändert das Trikot. Die Spieler tragen vorschriftsmäßige Fußballschuhe und sind verpflichtet, unter den kniehohen ➔ Stutzen ➔ Schienbeinschoner anzubringen. Im Winter ist es erlaubt, unter der Sporthose Thermohosen anzuziehen, die sich allerdings in der Farbe der Hose anpassen müssen.

diese Entscheidung ist die Tatsache, dass es für einen Verein leichter ist, im heimischen Stadion und mit der Unterstützung der dort zahlreicheren Fans ein Tor zu erzielen als im Stadion des Gegners.

Ein Spielerwechsel wird angezeigt.

auswechseln: austauschen eines Spielers durch einen anderen während des Spiels. Dem ➔ Schiedsrichter muss die Auswechselung durch den ➔ Schiedsrichterassistenten angezeigt werden. Der eingewechselte Spieler darf das Spielfeld erst betreten, wenn der Spieler, den er ersetzt, das Spielfeld verlassen hat und der Schiedsrichter ihm ein Zeichen gegeben hat. Der Einwechselspieler soll das Spielfeld während einer Spielunterbrechung betreten und sein Spiel an der ➔ Mittellinie beginnen. Die Trainer wechseln aus, wenn ein Spieler erschöpft oder verletzt ist oder nicht mehr in den taktischen Plan passt. Durch das Auswechseln eines Spielers kann der Trainer auf die Spielweise des Gegners flexibel reagieren und entweder den Angriff oder aber die Verteidigung stärken.

Auswechselspieler: Ergänzungsspieler, der während eines Spiels eingewechselt wird oder dafür vorgesehen ist. In einem Meisterschafts- oder Pokalspiel dürfen bis zu drei Spieler ausgewechselt werden, in einem Freundschaftsspiel je nach Vereinbarung auch mehr Spieler. In den Wettbewerbsbestimmungen wird festgelegt, wie viele Auswechselspieler nominiert werden können. Im Jugend- und Amateurbereich gibt es andere Regeln. So kann im Jugendbereich ein ausgewechselter Spieler zu einem späteren Zeitpunkt auch wieder eingewechselt werden. Die Auswechselspieler müssen dem ➔ Schiedsrichter vor Spielbeginn benannt werden. Während des Spieles nehmen die Spieler auf der ➔ Ersatzbank Platz. Ein Auswechselspieler ersetzt müde oder verletzte Mannschaftskollegen oder wird eingewechselt, um die Spieltaktik zu ändern.

Bundestrainer Jürgen Klinsmann gibt Auswechselspieler David Odonkor im Viertelfinale der WM 2006 letzte Anweisungen vor dem Einsatz.

B

Ball: Der Ball ist rund und wurde früher »das Leder« genannt, weil er aus ebendiesem gemacht war. Heute besteht das Spielgerät aus Wasser abweisendem Kunststoff. Der Ball muss einen Umfang von 68 bis 70 Zentimetern haben und 410 bis 450 Gramm schwer sein. Der Jugendball ist kleiner und leichter. Sein Umfang liegt zwischen 63,5 und 66 Zentimetern, und er ist nur 350 bis 390 Gramm schwer. Die modernen Bälle werden in unterschiedlichsten Farben und Designs hergestellt. Bis zum Anfang der 1950er Jahre gab es für Fußbälle nur eine Farbe: Braun, so wie das Naturleder der Bälle nun einmal war. Das hatte jedoch einen großen Nachteil: Auf dem Fernsehschirm konnte man das Spielgerät nur schwer erkennen, und dort wurde der Fußball nun immer öfter übertragen. Der weiße Ball war im Schwarzweiß-Fernsehen einfach deutlicher zu erkennen. Später bekam er noch gleichmäßig verteilte schwarze Flecken und wurde »Fernsehball« genannt. Heute gibt es Bälle in unterschiedlichstem Design, sogar einfarbig rote für »Winterspiele« auf schneebedecktem Boden.

Ball halten: Taktik einer Mannschaft, in Ballbesitz zu bleiben, ohne einen direkten Angriff einzuleiten. Der Ball wird zwischen den Spielern hin- und hergeschoben. Damit kann die Mannschaft Zeit gewinnen und sich neu orientieren.

Ball wegschlagen: den Ball hoch und weit aus einer Gefahrenzone, beispielsweise dem eigenen Strafraum, herausbefördern.

Ballack, Michael: Führungsstärke und Torgefährlichkeit – beide Eigenschaften zusammen machen aus dem Sachsen einen Spieler der Spitzenklasse. Insgesamt dreimal, in den Jahren 2002 und 2003 sowie 2005, wählten die deutschen Sportjournalisten Ballack zum Fußballer des Jahres. Bei der WM 2006 führte Michael Ballack die deutsche Nationalmannschaft als Kapitän und stellte im Mittelfeld seine Fähigkeiten in der Defensive und als Spielgestalter unter Beweis. Michael Ballack wechselte

Michael Ballack im Trikot der Nationalmannschaft bei der WM 2006.

2006 vom FC Bayern München zum FC → Chelsea London.
Geboren: 26. 9. 1976 in Görlitz
Spielposition: Mittelfeld
Verein: FC Chelsea London (seit 2006)
Grösste Erfolge: Deutscher Meister mit dem 1. FC Kaiserslautern (1998) und mit dem FC Bayern München (2003, 2005, 2006); Deutscher Pokalsieger mit dem FC Bayern München (2003, 2005, 2006)

Ballannahme → S. 29.

Ballführung: Technik, bei der der Spieler mit dem Ball eng am Fuß läuft (dribbelt) und ihn nicht weit vorlegt. Dadurch kann der Spieler auf Angriffe des Gegners schnell reagieren und den Ball besser verteidigen, etwa Finten schlagen.

Ballgefühl: gute Einschätzung darüber, mit welcher Kraft und an welcher Stelle der Ball getroffen werden muss, um das angepeilte Ziel zu erreichen. Ballgefühl braucht man auch, um einen schnellen Ball geschickt anzunehmen.

Ballkontrolle: sicheres An- und Mitnehmen des Balls, so dass der Gegner den Ball nicht erobern kann. Der Ball sollte im → Spielfluss bleiben, also mit der Annahme nicht vollständig abgebremst werden. Je nach Höhe und Tempo des Balls kann der Spieler Füße, Oberschenkel oder Brust einsetzen, um den Ball unter Kontrolle zu bekommen und ihn anschließend weiterzuspielen.

So verbesserst du deine Ballkontrolle!

Ballkontrolle übst du am besten im Wettkampf mit einem Freund. Ihr braucht dazu zwei Bälle. Markiert eine Strecke mit einer Länge von etwa 20 Metern mit zwei Stöcken, dann geht's los! Auf ein Signal hin startet ihr gleichzeitig am ersten Stock und dribbelt auf den zweiten zu, umrundet ihn und dribbelt zurück zum Start. Das Wichtige dabei ist, den Ball immer so nah wie möglich am Fuß zu haben, so als wäre er mit einer kurzen Schnur daran befestigt. Wer zuerst mit dem Ball wieder den Ausgangspunkt erreicht, hat gewonnen.

Ballmitnahme: Moment während der Ballannahme, in dem der Ball zur Sicherung vor dem Gegner in die gewünschte Richtung »mitgenommen« wird. Beispielsweise nimmt ein Spieler den Ball mit der Brust an und dreht den Oberkörper vom Gegner weg, bevor der Ball zu Boden fällt, so dass er ihn von dieser abgesicherten Position aus weiterspielen kann.

Ballschlepper: Spieler, der meist im Mittelfeld Bälle erobert und mit guter → Ballführung über eine gewisse Strecke in die Nähe des gegnerischen Tors bringt.

Ballstafette: Flüssiges Anspiel mehrerer Spielpositionen hintereinander, wobei der

Ball nach vorne in Richtung gegnerisches Tor gebracht wird. Die Krönung der Ballstafette ist im Idealfall ein Tor.

Bananenflanke: eine ➔ Flanke mit bananenförmig gekrümmter Flugbahn. Der Ball scheint zunächst auf das Tor zuzufliegen, dreht dann aber vom Tor weg, so dass der Torhüter ihn nicht erreichen kann. Die Krümmung der Flugbahn entsteht, weil der Ball mit Effet geschlagen (= angeschnitten) wird und so einen Drall erhält.

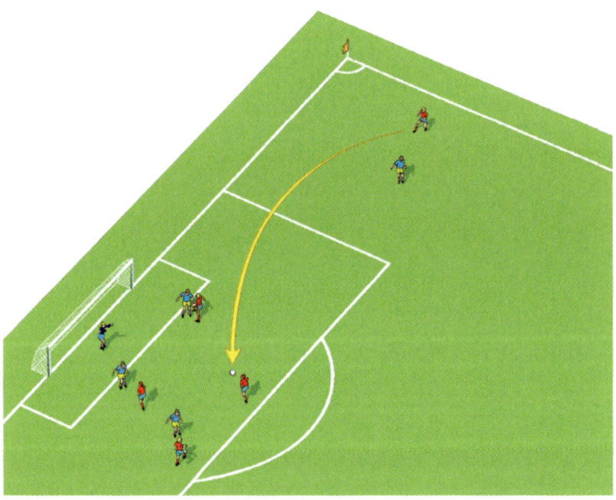

Barcelona, FC: Der »Fútbol Club Barcelona«, von seinen Fans kurz »Barça« genannt, gehört neben Real ➔ Madrid zu den erfolgreichsten Fußballvereinen Spaniens und Europas. Als Sieger der spanischen Liga im Jahr 2006 hat der Club mit seinem Starstürmer ➔ Ronaldinho die Zahl seiner Meistertitel auf 18 erhöht. Dazu kommen 26 Pokalsiege (Copa del Rey), der Gewinn der Champions League (1992, 2006) und drei UEFA-Cup-Siege (1958, 1960, 1966). Barcelona ist die Hauptstadt der spanischen Region Katalonien, und »Barça« versteht sich als eine Art katalanisches Nationalteam. Die Heimspiele sind stets ausverkauft, da jedes Vereinsmitglied automatisch Besuchsrecht hat. Beim FC Barcelona waren Weltstars wie Diego ➔ Maradona, ➔ Ronaldo und ➔ Rivaldo unter Vertrag. Die großen Erfolge in den Jahren 2005 und 2006 stellten sich unter Trainer Frank Rijkaard und mit Topspielern wie Ronaldinho, Deco, Eto'o, Xavi und Puyol ein.
GEGRÜNDET: 29. November 1899
STADION: Nou Camp, 98 600 Zuschauerplätze
INTERNET: www.fcbarcelona.com

B-Auswahl: Mannschaft, die nicht mit den ➔ Stammspielern zu einem Spiel antritt, sondern viele Ersatzspieler spielen lässt oder verletzungsbedingt einsetzen muss.

Beckenbauer, Franz: herausragender Spieler, Trainer und Funktionär im deut-

Fortsetzung auf S. 30

Franz Beckenbauer in seiner unnachahmlichen Eleganz bei der Ballführung

Die Ballannahme

Nur wenn der Pass eines Mitspielers oder Gegners sicher angenommen (»gestoppt«) wird, kann der Spieler den Ball selbst weiter führen, an einen Mitspieler abgeben oder auf das Tor schießen. Der Ball darf mit Fuß, Bein, Oberkörper oder Kopf angenommen werden. Welcher Körperteil der beste ist, richtet sich nach der Flughöhe des Balles, seiner Geschwindigkeit und der Spielsituation. Es kommt aber immer darauf an, die Wucht des Balles maximal zu dämpfen, indem der stoppende Körperteil in der Flugrichtung des Balles zurückweicht.

Ballannahme mit dem hohen Fuß
Mittelhohe oder steile Bälle werden entweder mit der hoch gehaltenen Innenseite oder dem Innenspann angenommen. Dabei wird der Unterschenkel des Spielbeines schräg wie ein Dach unter den Ball geführt und weicht mit der Ballbewegung nach hinten.

Ballannahme mit der Brust
Hohe Bälle werden mit der Brust angenommen. Da solche Pässe gewöhnlich mit großer Geschwindigkeit auftreffen, muss der Ball vor dem Körper »abtropfen«. Kurz vor Ballannahme wird das Becken mit etwas gebeugten Knien leicht nach vorn, der Oberkörper im Hohlkreuz etwas nach hinten genommen. Bei Ballkontakt weicht der Oberkörper weiter nach hinten, der Ball fällt vor dem Fuß auf den Boden.

Ballannahme mit dem Kopf
Eine erfolgreiche Ballannahme mit dem Kopf erfordert sehr viel Übung, weil die Stirn hart ist und der Ball leicht wieder abprallt. Der Kopf wird zum Ball hinbewegt und weicht bei Kontakt mit dem Ball nach hinten.

Ballannahme mit dem Oberschenkel
Ist der Ball zu flach für die Brust und zu hoch für den Fuß, wird der Oberschenkel des Spielbeins hochgenommen (1) und bei Ballkontakt hinter das Standbein nach hinten geführt (2). Der Ball tropft zu Boden und kann weitergepasst werden.

Ballannahme mit dem flachen Fuß
Flach ankommende Bälle nimmt man mit der Innenseite an. Der Oberkörper neigt sich zum Ball hin, der Fuß wird im Gelenk geknickt und nach außen gedreht. Beim Auftreffen weicht der Unterschenkel zurück, der Ball wird hinter dem Standbein gestoppt.

Der Kaiser

Beckenbauers Spitzname »Kaiser« entstand im Jahr 1968 bei einem Freundschaftsspiel des FC Bayern ➔ München in Wien, als er neben der Büste des ehemaligen österreichischen Kaisers Franz II. Joseph Karls posierte. In den Medien war der Begriff »Fußball-Kaiser« geboren. Im Jahr 1990 wurde die Bezeichnung wieder aufgegriffen, als die deutsche Nationalmannschaft mit Beckenbauer als Teamchef den Weltmeistertitel errang, was diesem 1974 als Spieler und Mannschaftskapitän schon einmal gelungen war. Damit war Beckenbauer endgültig der »Kaiser«.

schen und internationalen Fußball. Als Vorsitzender des Bewerbungskomitees für die WM 2006 war Beckenbauer maßgeblich dafür verantwortlich, dass Deutschland das Gastgeberland dieses Turniers wurde. Mit seiner stets elegant und unangestrengt wirkenden Spielweise wurde Beckenbauer ein Weltstar und einer der erfolgreichsten Fußballspieler überhaupt. Mit 20 Jahren spielte er erstmals für die deutsche Nationalmannschaft. Dreimal nahm er als Spieler an einer Weltmeisterschaft teil. Bei der WM 1974 in Deutschland führte er die deutsche Nationalmannschaft als Kapitän zum Weltmeistertitel. Im Jahr 1977 wechselte Beckenbauer zu Cosmos New York in die ➔ USA. Seine aktive Laufbahn beendete er 1982 beim ➔ Hamburger SV. Von 1984 bis 1990 war Franz Beckenbauer ➔ Teamchef der deutschen Nationalmannschaft. Zweimal war er Interimscoach beim FC Bayern ➔ München, dessen Präsidentenamt er im Jahr 1994 ebenfalls übernahm.

Geboren: 11. 9. 1945 in München-Giesing
Spielposition: Mittelfeld
Vereine: FC Bayern München, Cosmos New York, Hamburger SV
Grösste Erfolge: Deutscher Meister mit dem FC Bayern München (1969, 1972, 1973, 1974) und dem Hamburger SV (1982); Deutscher Pokalsieger mit dem FC Bayern München (1966, 1967, 1969, 1971); Pokal der Pokalsieger mit dem FC Bayern München (1967); Champions-League-Sieger mit dem FC Bayern München (1974, 1975, 1976); Weltpokalsieger mit dem FC Bayern München (1976); Europameister mit Deutschland (1972); Weltmeister mit Deutschland (1974)
Erfolge als Trainer: Deutscher Meister mit dem FC Bayern München (1994); UEFA-Cup-Sieger mit dem FC Bayern München (1996); Weltmeister mit Deutschland (1990)

Beckham, David: Der Mittelfeldspieler, der seit 2003 in den Diensten von Real ➔ Madrid steht, ist besonders wegen seiner gefährlichen Flanken und Freistöße gefürchtet. Von 2002 bis 2006 war Beckham Kapitän der englischen Nationalmannschaft. Nach dem Ausscheiden seines Teams bei der WM 2006 gegen Portugal im Viertelfinale (1 : 3 n. E.) trat Beckham als Kapitän zurück.

Geboren: 2. 5. 1975 in Leytonstone, London, Großbritannien
Spielposition: Mittelfeld
Verein: Real Madrid (seit 2003)
Grösste Erfolge: Englischer Meister mit Manchester United (1996, 1997, 1999, 2000, 2001, 2003); Englischer Pokalsieger mit Manchester United (1996, 1999); Champions-League-Sieger mit Manchester United (1999); Weltpokalsieger mit Manchester United (1999)

Der englische Nationalspieler David Beckham leitet in seiner Fußballschule Jugendliche an.

Befreiungsschlag: ein hoher, weiter Ball aus dem eigenem Strafraum oder der eigenen Hälfte heraus, wenn die Mannschaft dort unter gegnerischem Druck steht. Als Befreiungsschlag bezeichnet man auch den Erfolg eines Spielers oder eines Teams nach einer Serie von Pleiten.

Wer schoss das »Jahrhunderttor des britischen Fußballs«?

Das »Jahrhunderttor des britischen Fußballs« war ein Weitschuss aus einer Entfernung von 60 Metern von David ➔ Beckham, damals Spieler bei ➔ Manchester United. Der Torhüter Neil Sullivan vom Gegner FC Wimbledon hatte offenbar mit einer Gefahr aus solcher Entfernung nicht gerechnet und konnte dem grandiosen Schuss nichts mehr entgegensetzen. Trotz großer Geschwindigkeit und Flughöhe senkte sich der Ball plötzlich hinter dem Torhüter ins Netz.

Begrüßung: Kurz vor Spielbeginn stellen sich die Mannschaften zur Begrüßung durch den Stadionsprecher auf das Spielfeld. Sie werden meistens von Spielern aus der E- oder F-Jugend begleitet. Der Schiedsrichter begrüßt die Kapitäne beider Mannschaften, und die Spielführer begrüßen sich gegenseitig.

beidbeinig: Wenn ein Spieler Grundtechniken des Spiels sowohl mit dem rechten als auch mit dem linken Bein ausführen kann, ist er beidbeinig. In einem guten Fußballtraining werden daher etwa das Flankenschlagen oder die Annahme des Balls beidseitig trainiert.

Beinschere: Einhaken beim gegnerischen Spieler mit einem Fuß und Gegenhalten mit dem anderen, so dass das Bein des

Gegners »in die Schere« genommen wird. Die Beinschere gilt als ➔ Foul und kann unter anderem mit einer ➔ Gelben Karte geahndet werden.

Belgrad, Roter Stern: Der »Fudbalski Klub Crvena Zvezda Beograd« ist einer der Spitzenvereine in der serbischen und montenegrischen Hauptstadt Belgrad. Der Verein hat einen hervorragenden Ruf in der Talentförderung. Roter Stern Belgrad wurde 1991 Champions-League-Sieger und holte im gleichen Jahr den Weltpokal.
GEGRÜNDET: 4. 3. 1945
STADION: Crvena Zvezda, 54 000 Zuschauerplätze
INTERNET: www.fc-redstar.net

Benefizspiel: Spiel, bei dem der Erlös aus den Eintrittsgeldern und den Fernseheinnahmen einem guten Zweck zugute kommt.

Berlin, Hertha BSC: Der Legende nach ist der Verein 1892 von seinen Gründern nach einem Haveldampfer benannt, der den Namen »Hertha« trug und dessen Schornsteine in den späteren Vereinsfarben blau-weiß bemalt waren. Seither hat der Verein Höhen und Tiefen durchgemacht. Die ersten großen Coups gelangen den Berlinern mit den deutschen Meisterschaften in den Jahren

Der Kapitän Michael Preetz und die Spieler von Hertha BSC bejubeln den Gewinn des Liga-Pokals im Jahr 2002.

1930 und 1931 nach jeweils dramatischen Endspielen in Düsseldorf und Köln. In den 1970er Jahren etablierte sich der Verein in der 1. ➔ Bundesliga. 1970 belegte Hertha BSC Berlin den dritten Tabellenplatz, fünf Jahre später war man schon deutscher Vizemeister. Es folgte ein Auf und Ab in den verschiedenen Ligen. Seit 1997 hat sich die Hertha in der 1. Bundesliga etabliert und belegte zum Saisonende 2005/06 den sechsten Platz. Heimstätte des Vereins ist das hochmoderne Olympiastadion in Berlin.
GEGRÜNDET: 25. 7. 1892
STADION: Olympiastadion, 74 500 Zuschauerplätze
INTERNET: www.herthabsc.de

Berufsspieler: Fußballer, der seinen Lebensunterhalt mit dem Spielen für einen Verein bestreitet. In Deutschland sind das die Spieler der 1. und 2. Bundesliga mit einer ➔ Lizenz des ➔ DFB.

Best, George: Der Stürmer aus Nordirland war vielleicht der talentierteste Fußballer

aller Zeiten. Dass er es nicht zu noch größerem Ruhm brachte, lag an zwei Dingen: Zum einen spielte Best für Nordirland in einem völlig unbedeutenden Nationalteam, daher waren Nationalmannschaftstitel für ihn unerreichbar. Der andere Grund war die Tatsache, dass der begnadete Techniker undiszipliniert war und seinen Beruf als Fußballspieler nicht immer ganz ernst nahm. Mit Vollbart, langen Haaren, herunterhängenden Stutzen und ohne Schienbeinschoner hob sich schon sein Äußeres von dem seiner Kollegen auf dem Platz ab. Er schoss Tore im Handstand, setzte sich auf den Ball oder wedelte wie ein Torero mit seinem roten Trikot vor gegnerischen Verteidigern herum. Er »spielte« Fußball. Dabei war er ein herausragender Stürmer, der auch Defensivaufgaben überzeugend löste. Best war unglaublich schnell, äußerst variabel, und seine perfekte Technik machte seine Dribblings immer brandgefährlich. Von 1963 bis 1975 spielte er bei ➔ Manchester United trotz aller Mätzchen auf allerhöchstem Niveau und danach weit unter seinen Möglichkeiten bei vielen wenig bedeutenden und zum Teil zweitklassigen Mannschaften auf den britischen Inseln und in den ➔ USA.

Geboren: 22. 5. 1946 in Belfast, Nordirland; **Gestorben:** 25. 11. 2005

Spielposition: Angriff

Vereine: Manchester United, Stockport County, Los Angeles Galaxy, Los Angeles Aztecs, Fort Lauderdale Strikers, San Jose Earthquakes, San Francisco Golden Bay, FC Fulham, Cork Celtic, FC Hibernian, Bournemouth AFC

Grösste Erfolge: Englischer Meister mit Manchester United (1965, 1967); Champions-League-Sieger mit Manchester United (1968)

George Best, genialer nordirischer Fußballer

Bewacher: Spieler, der im Verteidigungssystem der ➔ Manndeckung dafür eingesetzt wird, einen besonders gefährlichen Spieler der gegnerischen Mannschaft immer im Auge zu behalten und zu decken.

Bielefeld, Arminia: Der westfälische Sportclub Arminia Bielefeld wird auf Grund der vielen Auf- und Abstiege in der Bundesliga gerne als ➔ »Fahrstuhlmannschaft« bezeichnet. Bereits siebenmal ist die Arminia in die 1. Bundesliga aufgestiegen. In der Saison 2005/06 hat die Arminia aber schon zum dritten Mal in Folge den Klassenerhalt geschafft.

Gegründet: 3. Mai 1905

Stadion: Schüco-Arena, 26 600 Zuschauerplätze

Internet: www.arminia-bielefeld.de

Bierhoff, Oliver: Der Stürmer, den das erste ➔ »Golden Goal« der Fußballgeschichte bekannt gemacht hat, begann seine Karriere bei Rot-Weiß Essen und spielte danach für verschiedene Vereine in Europa, hauptsächlich in Italien. Als erster deutscher Spieler wurde er 1998 Torschützenkönig der Serie A, der höchsten italienischen Liga. Im gleichen Jahr gewann der Stürmer auch die Wahl zum deutschen Fußballer des Jahres. Für Deutschland machte er 70 Länderspiele und erzielte 37 Tore. Seit 2004 ist Oliver Bierhoff Team-Manager der deutschen Nationalmannschaft.

Geboren: 1. 5. 1968 in Karlsruhe

Spielposition: Angriff

Vereine: KFC Uerdingen 05, Hamburger SV, Borussia Mönchengladbach, SV Salzburg, Ascoli Calcio, Udinese Calcio, AC Mailand, AS Monaco, AC Chievo Verona

Größte Erfolge: Italienischer Meister mit dem AC Mailand (1999); Europameister mit Deutschland (1996)

Oliver Bierhoff im Trikot der deutschen Nationalmannschaft

Wer war der Bomber der Nation?

»Bomber der Nation« war der Spitzname eines der erfolgreichsten deutschen Nationalspielers, Gerhard »Gerd« ➔ Müller. Der kleine, stämmige Stürmer hat fast alle Auszeichnungen erhalten, die es im Fußballsport zu holen gibt. Seinen Spitznamen verdankt er seiner enormen Torgefährlichkeit. Er wurde siebenmal Bundesligatorschützenkönig, dabei schoss er in der Saison 1971/72 40 Tore und wurde als Europas bester Torschütze mit dem Goldenen Schuh ausgezeichnet. In seinen Länderspieleinsätzen schoss Müller durchschnittlich mehr als ein Tor pro Spiel, nämlich 68 Treffer in 62 Begegnungen. 32 Jahre lang, von 1974 bis zur WM 2006, war er mit 14 Treffern Rekordtorjäger in WM-Endrunden. Am 27. Juni 2006 erzielte der Brasilianer ➔ Ronaldo seinen 15. WM-Treffer und löste den »Bomber« ab.

Bilderbuchaktion: besonders schöner und gelungener Spielzug eines Spielers oder einer Mannschaft, eben »wie aus dem Bilderbuch«.

Bochum, VfL: Der »Verein für Leibesübungen Bochum 1848 Fußballgemeinschaft e. V.« aus dem Ruhrgebiet wurde erst 1965 mit dem Einzug in das DFB-Pokalfinale bundesweit bekannt. 1971 stieg der Verein erstmals in die 1. Bundesliga auf und blieb dort bis 1993 eine feste Größe. Da die größten Leistungsträger des Vereins aus finanziellen Gründen häufig zu anderen Vereinen wechselten, kam der Verein in dieser Zeit über einen achten Platz in der 1. Bundesliga nie hinaus. Nach dem Abstieg 1993 pendelte der VfL vier Jahre lang jede Saison zwischen 1. und 2. Bundesliga. In der Spielzeit 1996/97 führte Trainer Klaus Toppmöller das Team als Aufsteiger auf einen UEFA-Cup-Platz. 1999 begann aber erneut eine Phase der Auf- und Abstiege. Dabei erreichte der Verein in der 1. Bundesliga 2003/04 Platz fünf, und war damit für den UEFA-Cup qualifiziert. Am Ende der Saison 2004/05 rutschte Bochum wieder auf einen Abstiegsplatz, schaffte aber als Meister der 2. Liga zur Bundesligasaison 2006/07 den Wiederaufstieg in die 1. Fußball-Bundesliga.

GEGRÜNDET: 1. 7. 1848 (Fußballabteilung 15. 4. 1938)

STADION: Ruhrstadion, 33 000 Zuschauerplätze

INTERNET: www.vfl-bochum.de

Bogenlampe: ein besonders gefühlvoll gehobener Ball, der sich über den Torwart hinweg ins Tor senkt. Dabei beschreibt der Ball eine Flugbahn, die bestimmten Straßenlaternen ähnlich ist. Für einen solchen Schuss benötigt man viel → Ballgefühl.

Bomber der Nation: Spitzname des Stürmers Gerhard → Müller vom FC Bayern → München.

Bosman-Urteil: Im Dezember 1995 entschied der Europäische Gerichtshof über eine Klage des belgischen Fußballspielers Jean-Marc Bosman. Im Bezug auf die → Ausländerregelung stellte der Gerichtshof fest, dass für Lizenzspieler, deren Vertrag endet, keine Ablösesumme gezahlt werden muss. Gleichzeitig hob er alle Beschränkungen für Spieler aus EU-Ländern auf. Seither können beliebig viele Spieler aus EU-Ländern in einer Mannschaft eingesetzt werden.

Die erfolgreiche Mannschaft des VfL Bochum, die in der Saison 2003/04 die Qualifikation für den UEFA-Cup erreichte.

Brasiliens Nationalmannschaft gewinnt 2002 mit 2:0 gegen Deutschland und wird dadurch zum fünften Mal Fußballweltmeister.

Brasilien, Nationalmannschaft: Weltrekordhalter der Weltmeistertitel, Erster der FIFA-Weltrangliste, beste Fußballtechniker: Weltweit gilt Brasilien als Überflieger in Sachen Fußball. So oft wie die brasilianische Nationalmannschaft, insgesamt fünfmal, hat noch kein Team der Erde eine FIFA WM gewonnen. Als einzige Mannschaft haben sich die Brasilianer bisher für jede FIFA WM qualifiziert. Oft werden die brasilianischen Spieler als beste Techniker gelobt – auch wenn es manchmal so aussieht, als würden sie mit dem Ball eher Samba tanzen als ernsthaft Fußball spielen. Bei der WM 2006 wurden an das Team von allen Seiten große Erwartungen gestellt. Brasilien ging als Favorit in das Turnier. Aber im Viertelfinale schied der Titelverteidiger gegen Frankreich (0:1) mit einer enttäuschenden Leistung aus. Berühmte Spieler der brasilianischen Seleção (Auswahl) sind: ➔ Pelé, ➔ Cafu, ➔ Ronaldo, ➔ Ronaldinho

Braunschweig, Eintracht: Der »Braunschweiger Turn- und Sportverein Eintracht von 1895« ist ein Regionalrivale der Vereine VfL ➔ Wolfsburg und ➔ Hannover 96. Den beiden Erstligisten hat der Verein etwas voraus: 1967 gewann Eintracht Braunschweig den deutschen Meistertitel. Als Gründungsmitglied der Bundesliga konnte sich der Verein bis 1985 mit kurzen Unterbrechungen in der höchsten Spielklasse behaupten und erreichte sogar viermal den UEFA-Pokal-Wettbewerb. Eintracht Braunschweig erlangte im Jahr 1973 Berühmtheit, als sie als erste Mannschaft in der Geschichte des ➔ DFB mit ➔ Trikotwerbung spielte.

Eintracht BRAUNSCHWEIG

GEGRÜNDET: 15. 12. 1895
STADION: Stadion an der Hamburger Straße, 23 500 Zuschauerplätze
INTERNET: www.eintracht.com

»Brechstangenprinzip« ➔ Was bedeutet »mit der Brechstange zum Sieg«?

Brehme, Andreas: Deutscher Abwehr- und Mittelfeldspieler, heute Trainer. Andreas Brehme erzielte im FIFA WM-Endspiel gegen Argentinien 1990 das entscheidende Tor zum 1:0 durch einen Strafstoß in der 84. Minute.

GEBOREN: 9. 11. 1960 in Hamburg

Spielposition: Abwehr, Mittelfeld
Vereine: 1. FC Kaiserslautern, FC Bayern München, Inter Mailand, Real Saragossa
Grösste Erfolge: Deutscher Meister mit dem FC Bayern München (1987) und dem 1. FC Kaiserslautern (1998); Deutscher Pokalsieger mit dem 1. FC Kaiserslautern (1996); Italienischer Meister mit Inter Mailand (1989); UEFA-Cup-Sieger mit Inter Mailand (1991); Weltmeister mit Deutschland (1990)

Breitner, Paul: Der wegen seines üppigen schwarzen Lockenkopfes manchmal »Afro« genannte Abwehr- und Mittelfeldspieler gehörte zum Kern der überaus erfolgreichen Mannschaft des FC Bayern ➔ München in den frühen 1970er Jahren. Trotz seines manchmal unbequemen Auftretens und seiner nicht immer gern gehörten Meinungsäußerungen nicht nur zu Fußballthemen war er in dieser Zeit auch in der deutschen Nationalmannschaft eine feste Größe.
Geboren: 5. 9. 1951 in Freilassing
Spielposition: Mittelfeld, Abwehr

Paul Breitner während der FIFA WM 1974, die in Deutschland stattfand.

Was bedeutet »mit der Brechstange zum Sieg«?

Wenn feine taktische Mittel und kreative Spielweise fehlen oder versagen, werden die Versuche, den Gegner zu bezwingen, immer verzweifelter. Haben herkömmliche spielerische Mittel nicht zu einem Tor geführt, wird mit Fernschüssen, Schüssen aus ungünstiger Position, bedingungsloser Offensive, oft unter Vernachlässigung der Abwehr, oder mit hartem körperlichen Einsatz versucht, doch noch zum Torerfolg zu kommen. So wie man eine verschlossene Tür ohne Schlüssel gewaltsam mit der Brechstange öffnet, versucht man hier, den Ball mit halsbrecherischen Mitteln ins Tor zu bekommen. Man will »mit der Brechstange zum Sieg«.

Vereine: FC Bayern München, Eintracht Braunschweig, Real Madrid
Grösste Erfolge: Deutscher Meister mit Bayern München (1972, 1973, 1974, 1980, 1981); Deutscher Pokalsieger mit Bayern München (1971, 1982); Spanischer Meister mit Real Madrid (1975, 1976), Champions-League-Sieger mit Bayern München (1974); Europameister mit Deutschland (1972); Weltmeister mit Deutschland (1974)

Bremen, SV Werder: Der SV Werder Bremen ist Gründungsmitglied der deutschen Bundesliga und stieg nur einmal, in der Saison 1979/80, in die 2. Bundesliga ab. Der direkte Wiederaufstieg gelang mit Otto ➔ Rehhagel, der

14 Jahre Trainer bei Werder Bremen war. Bremen war viermal deutscher Meister und sechsmal Vizemeister sowie fünfmal deutscher Pokalsieger.

Gegründet: 1. 2. 1899

Stadion: Weserstadion, 35 000 Zuschauerplätze

Internet: www.werder-online.de

Buchwald, Guido: deutscher Fußballer und Trainer. Ruhm erreichte Guido Buchwald vor allem durch seine Leistungen während der FIFA WM 1990. Im Endspiel ließ er den damals wohl besten Fußballer der Welt, Diego → Maradona, kaum zum Zuge kommen, und Deutschland gewann damit die FIFA WM. Nach seiner Laufbahn als Spieler wurde Buchwald Trainer des japanischen Clubs Urawa Red Diamonds, für die er ehemals gespielt hatte.

Geboren: 24. 1. 1961 in Berlin

Spielposition: Mittelfeld

Nationalspieler Guido Buchwald setzt sich 1993 im Spiel gegen Brasilien gegen den Stürmer Rai durch. Deutschland gewinnt in Köln 2 : 1.

Rekorde aus der Bundesliga

Schnellstes Bundesligator

Im Spiel FC Bayern → München gegen den → Hamburger SV traf Giovane → Elber 1998 bereits nach elf Sekunden ins Netz. Es war das schnellste Tor in der Geschichte der Bundesliga.

Bester Aufsteiger

1998 eroberte der 1. FC → Kaiserslautern sensationell als Aufsteiger die Meisterschale. Das hatte vor den »Roten Teufeln« vom Betzenberg noch keine andere Mannschaft in der 1. Bundesliga geschafft, und auch danach ist es bis jetzt noch nicht wieder gelungen.

Die meisten Spiele

hat Karl-Heinz »Charly« Körbel gemacht. 602 Einsätze hat er von 1972 bis 1991 geschafft. Und gleich noch einen Rekord stellte er dabei auf: Alle seine Spiele absolvierte er für einen einzigen Verein – Eintracht → Frankfurt. 1980 gewann er mit den Frankfurtern den UEFA-Pokal. Manfred → Kaltz vom → Hamburger SV brachte es in seiner Karriere auf 581 Bundesligaspiele und steht damit an zweiter Stelle der Rekordtabelle. Dritter ist Klaus Fichtel (→ Schalke 04/ Werder → Bremen) mit 552 Einsätzen.

Ältester Bundesligaspieler

Klaus Fichtel, der auch »Tanne« genannt wurde und für → Schalke 04 und Werder → Bremen spielte, war von 1965 bis 1988 in der Bundesliga aktiv – 23 Jahre lang. Bei seinem letzten Spiel war er 43 Jahre alt – Rekord! Mit 42 Jahren hängten die Torhüter Uli Stein (→ Hamburger SV) und Harald »Toni« Schumacher (FC → Köln) die Fußballschuhe an den Nagel. Sie alle aber übertraf in der englischen Liga Stanley → Matthews, der seine Karriere 1965 nach 35 Jahren beendete. Da war er schon 50!

VEREINE: Stuttgarter Kickers, VfB Stuttgart, Urawa Red Diamonds (Japan), Karlsruher SC
GRÖSSTE ERFOLGE: Deutscher Meister mit dem VfB Stuttgart (1984 und 1992); Weltmeister mit Deutschland (1990)

Bundesliga: professionelle höchste Spielklasse in Deutschland, in der in jeder ➔ Saison nach dem Prinzip »jeder gegen jeden« unter den 18 besten Vereinen Meisterschaft und Platzierungen ausgespielt werden. Der ➔ Anpfiff für das erste Bundesliga-Spiel erfolgte am 24. August 1963. Vorher wurden die Wettkämpfe in den fünf Oberligen Nord, Süd, Südwest und Berlin von Amateurfußballern ausgetragen. Trainiert und gespielt wurde demnach nur in der Freizeit. Zunächst startete die Bundesliga mit einem Feld von 16 Teilnehmern, wobei heftig umstritten war, wer von Anfang an mit dabei sein durfte und wie der Wettbewerb ausgetragen werden sollte. 1965/66 wurde die Bundesliga von 16 auf 18 Vereine aufgestockt. Seit der Saison 1995/96 wird nach der aus England stammenden ➔ Drei-Punkte-Regelung gespielt. Der direkte Unterbau der Bundesliga ist die ➔ 2. Bundesliga. Der Zuschauerboom der Bundesliga ist ungebremst. Zum fünften Mal in Folge brachen die deutschen Fans in der Spielzeit 2005/06 den Zuschauerrekord. Im Durchschnitt waren 38 191 Zuschauer pro Spiel im Stadion. Das sind mehr als in jedem anderen europäischen Land.

Bundestrainer: So wird der ➔ Coach der deutschen Nationalmannschaft genannt.

Die bisherigen Bundestrainer der deutschen Nationalmannschaft

Otto Nerz	(1923 – 1936)
Sepp Herberger	(1936 – 1964)
Helmut Schön	(1964 – 1978)
Jupp Derwall	(1978 – 1984)
Franz Beckenbauer	(1984 – 1990)
Berti Vogts	(1990 – 1998)
Erich Ribbeck	(1998 – 2000)
Rudi Völler	(2000 – 2004)
Jürgen Klinsmann	(2004 – 2006)
Joachim Löw	(ab 2006)

Er stellt das Team aus Spielern der Vereine zusammen, trainiert die Mannschaft und ist für die Taktik im Spiel verantwortlich. Der deutsche Bundestrainer wird vom ➔ DFB ausgewählt.

Burghausen, SV Wacker: Der als Betriebssportverein der in Burghausen ansässigen Firma Wacker Chemie gegründete Verein ist heute ein Breitensportclub mit über 6000 Mitgliedern. Damit ist der SV Wacker Burghausen, der mit mehreren Sportarten in den höchsten Spielklassen Deutschlands vertreten ist, einer der größten Sportvereine der Republik. Die erste Fußballmannschaft des SV Wacker ist 2002 in die 2. Bundesliga aufgestiegen.
GEGRÜNDET: 13. 11. 1930
STADION: Wacker-Arena, 8400 Zuschauerplätze
INTERNET: www.sv-wacker.de

Champions-League ➔ S. 42.

Chapuisat, Stéphane: Schweizer Nationalspieler und beliebter Stürmer in der deutschen Bundesliga. »Chappi«, wie ihn die Schweizer nennen, wurde in seiner Zeit bei Lausanne Sports bekannt. Bald führte er die Schweizer Torschützenliste an und wurde für die Schweizer Nationalmannschaft aufgestellt. 1991 wechselte er in die Bundesliga und kehrte nach einer erfolgreichen Zeit dort 1999 wieder in die Schweiz zurück.
GEBOREN: 28. 7. 1969 in Lausanne, Schweiz
SPIELPOSITION: Angriff
VEREINE: ES FC Malley LS, Lausanne Sports, KFC Uerdingen 05, Borussia Dortmund, Grasshopper-Club Zürich, Young Boys Bern
GRÖSSTE ERFOLGE: Deutscher Meister mit Borussia Dortmund (1995, 1996); Champions-League-Sieger mit Borussia Dortmund (1997); Weltpokalsieger mit Borussia Dortmund (1997)

Der Schweizer Nationalspieler Stephane Chapuisat (links) spielte von 1991 bis 1999 in der Bundesliga.

Robert »Bobby« Charlton (rechts), der »Gentleman auf dem Rasen«

Charlton, Robert (Bobby): Bobby Charlton spielte von 1954 bis 1973 für ➔ Manchester United und absolvierte in dieser Zeit 754 Spiele, in denen er beinahe 250 Tore schoss. 1966 wurde er mit der englischen Nationalelf, für die er 106 Länderspiele bestritt, Weltmeister und außerdem Europas Fußballer des Jahres. Charlton galt als »Gentleman auf dem Rasen«, dem Spielkultur und Fairplay sehr wichtig waren.
GEBOREN: 11. 10. 1937 in Ashington, Großbritannien
SPIELPOSITION: Mittelfeld
VEREIN: Manchester United
GRÖSSTE ERFOLGE: Englischer Meister mit Manchester United (1957, 1965, 1967); Englischer Pokalsieger mit Manchester United (1963); Champions-League-Sieger mit Manchester United (1968); Weltmeister mit England (1966)

Coach: Sportlehrer, Trainer und Betreuer eines Sportlers oder einer Mannschaft.

Coachingzone: Während des Fußballspiels sitzen die ➔ Auswechselspieler, der ➔ Trainer und die Betreuer auf der Ersatzbank am Spielfeldrand. Um die ➔ Ersatzbank herum befindet sich ein mit Linien markierter Bereich, der bis auf einen Meter an das Spielfeld heranreicht: die Coachingzone. Sie darf von den Personen auf der Ersatzbank nicht verlassen werden, es sei denn, ein Spieler wird verletzt. Auch der Trainer darf nur aus der Coachingzone heraus auf seine Spieler einwirken.

Cottbus, FC Energie: Der brandenburgische Verein war sieben Jahre in der DDR-Oberliga. Nach der Wiedervereinigung Deutschlands stieg Energie Cottbus 1997 in die 2. Bundesliga auf. Im selben Jahr stand der Verein im DFB-Pokal-Finale, das er allerdings verlor. 2000 schaffte der Verein den Aufstieg in die 1. Bundesliga und spielte dort bis 2003. Nach zwei Jahren Abwesenheit ist der Verein zur Saison 2006/07 wieder in die 1. Bundesliga zurückgekehrt.
GEGRÜNDET: 31. 1. 1966
STADION: Stadion der Freundschaft, 22 450 Zuschauerplätze
INTERNET: www.fcenergie.de

Collina, Pierluigi: Den am 13. 2. 1960 geborenen Pierluigi Collina hat nicht allein sein Aussehen berühmt gemacht, die Spieler und Fans respektieren ihn wegen seines Wissens, seines Auftretens und seiner Entscheidungen. Seit 1994 steht er auf der FIFA-Schiedsrichterliste, seit 1995 war er Schiedsrichter bei den Europapokalspielen und seit 1996 auch bei den Länderspielen. Er pfiff 2002 das Finale der FIFA WM und wurde von 1998 bis 2003 sechsmal in Folge zum Weltschiedsrichter des Jahres ernannt. Im Alltagsleben ist Collina Jurist. Am 29. 8. 2005 reichte er seinen Rücktritt ein. Da sein Sponsor auch den Erstligaverein AC ➔ Mailand finanzierte, hätte Collina laut Vorschrift nur noch Spiele der zweiten Liga leiten dürfen.

Der italienische Schiedsrichter Pierluigi Collina leitet beim WM-Turnier 2002 in Sapporo das Vorrundenspiel Argentinien gegen England.

Confederations Cup: Der FIFA Confederations Cup ist ein Pokalwettbewerb für Nationalmannschaften. Zunächst wurde er in Saudi-Arabien als King-Fahd-Cup ausgetragen. Seit 1997 wird er als FIFA Confederations Cup geführt und findet alle zwei Jahre in wechselnden Gastgeberländern statt. An der »Mini-WM« nehmen die sechs Meister der Kontinentalföderationen (Afrika, Asien, Europa, Nord- und

Fortsetzung auf S. 44

Die UEFA Champions League

Die UEFA Champions League ist ein Wettbewerb der besten europäischen Vereinsmannschaften. Er findet im Rahmen des jährlich vom Europäischen Fußballverbands (UEFA) ausgetragenen Europapokal-Wettbewerbs (➔ Europapokal) statt. Die Champions League gibt es seit 1991. Ihr Vorgängerwettbewerb war der 1954 gegründete ➔ Europapokal der Landesmeister. Deutsche Sieger der Champions League bzw. des Europapokals der Landesmeister waren bisher Borussia ➔ Dortmund, Bayern ➔ München und der ➔ Hamburger SV.

Der silberne, innen vergoldete Wanderpokal wiegt 8 kg und ist 74 cm hoch. Teams, die ihn dreimal hintereinander oder fünfmal insgesamt gewinnen, dürfen den Pokal behalten.

Wer darf mitspielen?
Bis in die 1990er Jahre spielten nur die Landesmeister und der Titelverteidiger gegeneinander (16 Teams). Seit der Saison 2003/04 nehmen 32 Mannschaften nach folgenden UEFA-Regeln teil: die Landes- und Vizemeister aus Deutschland, England, Frankreich, Italien, den Niederlanden und Spanien (12 Teams), die Meister aus Griechenland, Portugal und Tschechien (3 Teams) und der Titelverteidiger (1 Team, nimmt automatisch teil). Ist der Titelverteidiger gleichzeitig Landes- oder Vizemeister, rückt der Meister eines anderen Landes auf.
Die übrigen 16 Teilnehmer werden in drei Qualifikationsrunden unter 56 Spitzenmannschaften ausgespielt. In der so genannten UEFA-Fünfjahres-Wertung, in der die Ergebnisse aller Teilnehmer aus den Europapokal-Wettbewerben der letzten fünf Jahre berücksichtigt werden, wählt die UEFA diese Teams nach einer Rangfolge aus.

Der Wettbewerb
Die 16 gesetzten und die 16 siegreichen Teams der Qualifikation werden in acht Gruppen zu je vier Mannschaften gelost. Innerhalb der Gruppen

Im Jahr 2001 heißt der Champions-League-Sieger FC Bayern München. Trainer Ottmar Hitzfeld mit dem Pokal inmitten seiner Spieler.

Lars Ricken jubelt mit der Trophäe für den Sieg der Champions League 1997. Borussia Dortmund gewann den Cup gegen Juventus Turin mit 3:1.

treten alle Teams gegeneinander an. Der Erste und der Zweite jeder Gruppe kommen weiter. Im Falle einer Punktegleichheit entscheidet das direkte Torverhältnis.
Die 16 verbliebenen Mannschaften spielen im ➔ Achtelfinale im ➔ K.o.-System gegeneinander. Danach finden das ➔ Viertelfinale mit acht und das ➔ Halbfinale mit vier Mannschaften statt – alle Paarungen mit ➔ Hin- und ➔ Rückspiel. Bei Punktegleichheit gibt es zweimal 15 Minuten Verlängerung. Ist die Entscheidung dann noch immer nicht gefallen, gibt es ein Elfmeterschießen. Zum ➔ Endspiel treffen die beiden Sieger aus den Halbfinalspielen in einem vorher bestimmten neutralen Stadion aufeinander. Gibt es nach 90 Minuten keinen Gewinner, folgen wieder Verlängerung und Elfmeterschießen.

Gewinner der Champions League

1991	Roter Stern Belgrad
1992	FC Barcelona
1993	Olympique Marseille
1994	AC Mailand
1995	Ajax Amsterdam
1996	Juventus Turin
1997	Borussia Dortmund
1998	Real Madrid
1999	Manchester United
2000	Real Madrid
2001	Bayern München
2002	Real Madrid
2003	AC Mailand
2004	FC Porto
2005	FC Liverpool
2006	FC Barcelona

Die erfolgreichste Mannschaft bisher ist Real Madrid mit neun Siegen. Zuletzt holte sie sich die Trophäe der Champions League im Jahr 2002.

D

Del Piero, Alessandro: Italienischer Profifußballer, der zu den besten Stürmern der Welt zählt. Del Piero ist mit 35 Tortreffern der drittbeste Torschütze der ➔ Champions League. 1991 startete er seine Profikarriere bei Padua. 1993 wechselte er zu Juventus ➔ Turin.

Geboren: 9. 11. 1974 in Conegliano

Spielposition: Angriff

Verein: FC Juventus Turin (seit 1993)

Grösste Erfolge (alle mit Juventus Turin): Italienischer Meister (1995, 1997, 1998, 2002, 2003, 2005, 2006); Champions-League-Sieger (1996); Weltpokalsieger (1996); Weltmeister 2006 mit Italien

Einer der besten Stürmer der Welt ist der Italiener Alessandro Del Piero.

Derby: Spiele zwischen zwei Mannschaften einer Stadt, zwischen benachbarten Städten oder einer Region bezeichnet man als Derby. Der Begriff ist abgeleitet von der englischen Stadt Derby, die in der Vergangenheit für die spannenden Spiele ihrer Mannschaften gegeneinander berühmt war. Derbys haben bei den Zuschauern eine große Anziehungskraft und sind meist besonders umkämpft. Denn schließlich geht es um die (fußballerische) Herrschaft in einem bestimmten Gebiet.

Derbys

Derbys werden oder wurden immer wieder ausgetragen zwischen:

Hamburger SV – Werder Bremen
Eintracht Frankfurt – Kickers Offenbach
FC Schalke 04 – VfL Bochum
1. FC Kaiserslautern – FSV Mainz 05

Lokalderbys finden regelmäßig statt zwischen:

TSV 1860 München – FC Bayern München
1. FC Köln – Fortuna Köln
VfB Stuttgart – Stuttgarter Kickers
Hamburger SV – FC St. Pauli

Deutsche Meisterschaft
➔ S. 50.

Deutschland, Nationalmannschaft: Aufgrund ihrer Erfolge steht die deutsche Nationalmannschaft in der Spitzengruppe der internationalen Rangliste. Dreimal Weltmeister, viermal Vizeweltmeister

Fortsetzung auf S. 49

Der Kader der deutschen Nationalmannschaft bei der FIFA WM 2006

Fußball in der DDR

Seit 1949 ermittelten die Fußballvereine der DDR einen Landesmeister und spielten einen DDR-Pokal aus, an dem auch Teams der unteren Ligen teilnahmen. Nach der Wiedervereinigung wurde der DFV (Deutscher Fußball Verband der DDR) 1990 aufgelöst, und die Fußballverbände der ehemaligen DDR traten als NOFV (Nordostdeutscher Fußballverband) dem DFB bei.

Das entscheidende 1:0 im Spiel zwischen der DDR und der BRD bei der FIFA WM 1974 schoss Jürgen Sparwasser. Er war Stürmer des FC Magdeburg und bestritt neben 271 Oberliga-Spielen (112 Tore) insgesamt 53 Länderspiele (15 Tore).

Nach dem Zweiten Weltkrieg bildeten sich in den vier Besatzungszonen und Berlin rasch wieder Fußballmannschaften, die Zonenmeisterschaften austrugen. An der gesamtdeutschen Meisterschaft, die 1948/49 unter den Zonenmeistern ausgespielt wurde, durfte der Sieger der sowjetischen Zone (SG Planitz) aber nicht teilnehmen.
Die Fußballer der neu gegründeten DDR waren in einem eigenen Verband organisiert (DFV, Deutscher Fußball Verband der DDR) und spielten eigene Meisterschaften aus. Die DDR-Oberliga bestand aus 14 Vereinsmannschaften (in den 1950er Jahren kurzfristig auf 19 Vereine erhöht), die im Ligabetrieb den DDR-Meister ermittelten.
International war der Pokalsieger FC Magdeburg erfolgreich. Er schlug 1974 im Endspiel des Europapokals der Pokalsieger den AC ➔ Mailand mit 2:0. Der größte Erfolg der Nationalmannschaft der DDR war der Sieg beim Olympischen Fußballturnier 1976. Im Endspiel gegen Polen siegten sie in Montreal mit 3:1. Unvergessen ist auch der direkte Vergleich der DDR mit der BRD bei der FIFA WM 1974 in der Bundesrepublik. In der ersten Finalrunde schlug die DDR die Favoriten aus der BRD mit 1:0.

Sieg für den FC Magdeburg. Im Europapokal der Pokalsieger wurde im Jahre 1974 der AC Mailand mit 2:0 bezwungen.

Landesmeister / Pokalsieger

1981	Berliner FC Dynamo / 1. FC Lokomotive Leipzig
1982	Berliner FC Dynamo / SG Dynamo Dresden
1983	Berliner FC Dynamo / 1. FC Magdeburg
1984	Berliner FC Dynamo / SG Dynamo Dresden
1985	Berliner FC Dynamo / SG Dynamo Dresden
1986	Berliner FC Dynamo / FC Lokomotive Leipzig
1987	Berliner FC Dynamo / FC Lokomotive Leipzig
1988	Berliner FC Dynamo / Berliner FC Dynamo
1989	SG Dynamo Dresden / Berliner FC Dynamo
1990	1. FC Dynamo Dresden / 1. FC Dynamo Dresden

Der DFB-Pokal

Der DFB-Pokal besteht aus vergoldetem Silber und ist mit Edelsteinen besetzt.

Der DFB-Pokal für deutsche Vereinsmannschaften findet jedes Jahr parallel zu den Spielen der Bundesliga und den anderen Ligen statt. Der Reiz dieses Wettbewerbes liegt in der Konkurrenz von hochklassigen Bundesligamannschaften und scheinbar chancenlosen Amateurmannschaften. Alle Spiele finden ohne Rückspiel im ➔ K.o.-System statt. Der Sieger des DFB-Pokals wird Deutscher Pokalsieger, bekommt einen Wanderpokal und nimmt an den internationalen Pokalwettbewerben teil.

Auslosen und spielen

Die Teilnahmebedingungen für den Pokalwettbewerb berücksichtigen die unterschiedliche Spielstärke der Mannschaften, daher wird seit der Saison 2000/01 in folgender Weise gelost und gespielt:

Titelverteidiger FC Bayern München feiert mit Oliver Kahn (links) und Michael Ballack (rechts) den insgesamt 13. Pokalsieg der Vereinsgeschichte.

1. Hauptrunde: In einen Lostopf kommen die 18 Mannschaften der Bundesliga und die 14 besten Mannschaften der 2. Bundesliga (zusammen also 32 Mannschaften). In den zweiten Lostopf kommen die vier Absteiger der 2. Bundesliga (4), die beiden besten Mannschaften der Regionalliga Süd und Nord (4), dazu 24 Amateurvereine (die Sieger von Pokalwettbewerben der DFB-Landesverbände). Bei den gelosten Paarungen haben die Vereine aus dem zweiten Topf Heimrecht. Es findet nur eine Begegnung statt, der Verlierer scheidet aus.

2. Hauptrunde: In einem Lostopf liegen wieder die Vereine der 1. und 2. Bundesliga, in den anderen kommen die Amateure.

Achtelfinale bis Endspiel: Ab dem ➔ Achtelfinale wird nur noch aus einem Topf gelost, die Sieger aus den beiden Halbfinals spielen dann im Berliner Olympiastation um den Titel.

Der Pokal hat seine eigenen Gesetze

Fast jedes Jahr gibt es im DFB-Pokal überraschende Paarungen und Ergebnisse, denn theoretisch könnte sogar eine Kreismannschaft einen Verbandspokal gewinnen und im DFB-Pokal gegen eine Bundesligamannschaft antreten. Im Pokal ist auch eine Spitzenmannschaft nicht automatisch Sieger. Der FC ➔ Bayern München wurde schon von Amateurmannschaften wie dem FV Weinheim oder dem TSV Vestenbergsgreuth aus dem Wettbewerb geworfen.

DFB-Pokalsieger

1994	SV Werder Bremen
1995	Borussia Mönchengladbach
1996	1. FC Kaiserslautern
1997	VfB Stuttgart
1998	FC Bayern München
1999	SV Werder Bremen
2000	FC Bayern München
2001	FC Schalke 04
2002	FC Schalke 04
2003	FC Bayern München
2004	SV Werder Bremen
2005	FC Bayern München
2006	FC Bayern München

und dreimal Dritter – überwiegend hat Deutschland bei WM-Turnieren vordere Plätze belegt. Seit dem ersten Weltmeistertitel 1954 war die deutsche Fußballnationalmannschaft bei jeder WM dabei. Es folgten weitere Titel 1974 und 1990. Bei der WM 2006 im eigenen Land wurde die deutsche Mannschaft Dritter. Insgesamt konnte die DFB-Auswahl dreimal die → Europameisterschaft gewinnen – damit ist sie Rekordhalter. Zweimal war die deutsche Elf Vizeeuropameister. Berühmte Spieler der DFB-Auswahl sind: Michael → Ballack, Franz → Beckenbauer, Paul → Breitner, Uli → Hoeneß, Oliver → Kahn, Jürgen → Klinsmann, Miroslav → Klose, Lothar → Matthäus, Gerd → Müller, Günter → Netzer, Lukas → Podolski, Uwe → Seeler, Berti → Vogts, Rudi → Völler, Fritz → Walter. Siehe auch → Frauenfußballnationalmannschaft.

CUP

Deutsche Rekordspieler bei Weltmeisterschaften

Platz	Name	Jahr	Spiele
1.	Lothar Matthäus	1982 – 1998	25
2.	Uwe Seeler	1958 – 1970	21
3.	Wolfgang Overath	1966 – 1974	19
	Berti Vogts	1970 – 1978	19
	K.-H. Rummenigge	1978 – 1986	19
6.	Franz Beckenbauer	1966 – 1974	18
	Sepp Maier	1970 – 1978	18
	Pierre Littbarski	1982 – 1990	18
	Thomas Berthold	1986 – 1994	18
7.	K.-H. Schnellinger	1958 – 1970	17
	Jürgen Klinsmann	1990 – 1998	17

DFB: Der Deutsche Fußball Bund (DFB) mit Sitz in Frankfurt am Main ist die Dachorganisation für alle Fußballvereine in Deutschland. Er wurde am 28. Januar 1900 in Leipzig gegründet. Der DFB ist mit über 6,1 Millionen Mitgliedern und inzwischen 27 000 Vereinen der größte Fußball-Fachverband der Welt. Zusammen mit den Regional- und Landesverbänden gehört zu seinen Aufgaben die Organisation aller Ligen für alle Altersklassen. Der DFB ist natürlich auch zuständig für die → Bundesliga, den DFB-Pokal und die deutschen Nationalmannschaften der Männer und Frauen sowie der Jugendnationalmannschaften. Am 28. April 2001 hat Gerhard Mayer-Vorfelder das Amt des DFB-Präsidenten übernommen. Seit dem 23. Oktober 2004 ist Dr. Theo Zwanziger neben ihm Geschäftsführender Präsident.

DEUTSCHER FUSSBALL-BUND

DFB-Pokal → S. 48.

DFL: Die Deutsche Fußball Liga ist für das Geschäft des deutschen Lizenzfußballs zuständig und dem → DFB untergeordnet. Der DFL wurde als eigenständige GmbH 2001 gegründet. Präsident ist Werner Hackmann vom → Hamburger SV.

direkter Freistoß → Freistoß.

Die Deutsche Meisterschaft

Die wertvolle Meisterschale wird manchmal scherzhaft »Salatschüssel« genannt.

Heute wird der deutsche Fußballmeister nach dem Tabellenstand der Fußballbundesliga in einer ➔ Hin- und ➔ Rückrunde ermittelt. Wer am Ende der Spielzeit die höchste Punktzahl erreicht hat, wird Deutscher Fußballmeister und bekommt die Meisterschale. Die Mannschaft des FC Bayern ➔ München setzte in der Saison 2005/06 die Tradition fort: So häufig wie Bayern München gewann noch kein Verein die Deutsche Fußballmeisterschaft.

Fußballmeister im Spiel der Politik
Eine Deutsche Fußballmeisterschaft gab es bereits im Kaiserreich: Der VfB Leipzig wurde 1902/03 erster Deutscher Meister. Obwohl alle Vereine mitspielen durften, die in einem der zahlreichen DFB-Verbände eine Verbandsmeisterschaft gewonnen hatten, hatte der erste Meisterwettbewerb nur sechs Teilnehmer. Die Spiele wurden im ➔ K.o.-System ausgetragen, nur bei ➔ unentschieden gab es ein Rückspiel. Seit 1905 wurde das Deutsche Reich in sieben Regionen unterteilt, in denen jeweils Regionalmeisterschaften stattfanden. Die Regionalmeister und der amtierende Meister spielten untereinander den Deutschen Meister aus.

Deutscher Meister 1968: Der 1. FC Nürnberg mit seinem Trainer Max Merkel, der stolz die Meisterschale präsentiert.

Während des Ersten Weltkrieges fanden keine Meisterschaften statt. Danach setzte man das Regionalsystem fort, seit 1924 allerdings mit 16 Mannschaften. Die Nationalsozialisten schafften die Regionalligen ab und setzten »Gaue« an deren Stelle. Nun spielten die Gauligameister um die Deutsche Meisterschaft. Auch nach dem Zweiten Weltkrieg wollten die Menschen nicht auf den Fußball verzichten.

Glücklich und ausgelassen präsentieren sich die Spieler von Borussia Dortmund mit der Meisterschale nach der Saison 2001/02.

Fototermin für den Deutschen Meister 2006: Stolz lässt sich der FC Bayern München mit der Meisterschale ablichten.

Zwischen 1945 und 1948 fanden in den vier Besatzungszonen und Berlin die Zonenmeisterschaften, aber keine allgemeine Deutsche Meisterschaft statt. 1948 gab es einen Versuch, die Meister der Zonen gegeneinander spielen zu lassen, doch dem Sieger der sowjetischen Besatzungszone wurde die Teilnahme untersagt. Erst nach der Wiedervereinigung gibt es seit der Saison 1991/92 wieder eine gesamtdeutsche Meisterschaft (➔ Fußball in der DDR).

Deutscher Meister aus der Bundesliga

Am 28. Juli 1962 beschloss der DFB, den Deutschen Fußballmeister ab der nächsten Saison in Punktspielen über eine Saisontabelle ermitteln zu lassen.
Die Bundesliga startete 1963/64 mit 16 Vereinen, wurde dann auf 18 und nach der Wiedervereinigung kurzfristig auf 20 Vereine aufgestockt. Heute spielen wieder 18 Vereine. Jede Saison steigen die drei Tabellenletzten ab und werden durch Aufsteiger aus der 2. Bundesliga ersetzt.
Der Deutsche Fußballmeister wird in einer Hin- und einer Rückrunde ermittelt, so dass jeder gegen jeden spielt und jede Mannschaft einmal Heimvorteil genießt.
Der Sieger eines Spiels bekommt drei Punkte, bei unentschieden erhält jede Mannschaft einen Punkt, ein Verlierer geht leer aus. Für den Platz in der Tabelle wird bei gleicher Punktzahl auch die Tordifferenz (geschossene minus kassierte Tore) berücksichtigt. Der Sieger der Hinrunde wird von Fans und Medien als »Herbstmeister« bezeichnet.
In manchen Jahren steht der Deutsche Meister schon vor Ende der Saison fest, weil der Zweite ihn rein rechnerisch nicht mehr einholen kann, wie beispielsweise der FC Bayern München 2004/05 und 2005/06. Spannender ist der Kampf um die Meisterschaft natürlich, wenn sich der Sieger erst am letzten Spieltag ergibt.

CUP

Deutsche Meister seit Einführung der Bundesliga

1963/64 1. FC Köln
1964/65 SV Werder Bremen
1965/66 TSV 1860 München
1966/67 Eintracht Braunschweig
1967/68 1. FC Nürnberg
1968/69 FC Bayern München
1969/70 Borussia Mönchengladbach
1970/71 Borussia Mönchengladbach
1971/72 FC Bayern München
1972/73 FC Bayern München
1973/74 FC Bayern München
1974/75 Borussia Mönchengladbach
1975/76 Borussia Mönchengladbach
1976/77 Borussia Mönchengladbach
1977/78 1. FC Köln
1978/79 Hamburger SV
1979/80 FC Bayern München
1980/81 FC Bayern München
1981/82 Hamburger SV
1982/83 Hamburger SV
1983/84 VfB Stuttgart
1984/85 FC Bayern München
1985/86 FC Bayern München
1986/87 FC Bayern München
1987/88 SV Werder Bremen
1988/89 FC Bayern München
1989/90 FC Bayern München
1990/91 1. FC Kaiserslautern
1991/92 VfB Stuttgart
1992/93 SV Werder Bremen
1993/94 FC Bayern München
1994/95 Borussia Dortmund
1995/96 Borussia Dortmund
1996/97 FC Bayern München
1997/98 1. FC Kaiserslautern
1998/99 FC Bayern München
1999/00 FC Bayern München
2000/01 FC Bayern München
2001/02 Borussia Dortmund
2002/03 FC Bayern München
2003/04 SV Werder Bremen
2004/05 FC Bayern München
2005/06 FC Bayern München

Drei-Punkte-Regel: Seit der Saison 1995/96 erhält der Sieger einer Bundesliga-Begegnung drei Punkte (vorher wurden nur zwei Punkte vergeben). Bei einem Unentschieden erhält jedes Team einen Punkt, der Verlierer erhält keinen. Nach den verteilten Punkten entscheidet sich am Ende der ➔ Saison die Rangfolge der Mannschaften. Erst bei Punktegleichstand wird schließlich die Tordifferenz bedeutend.

dribbeln ➔ S. 55.

Dropkick: Verwandter des ➔ Volleyschusses. Ein hoch zugespielter Ball wird direkt geschossen, sobald er den Boden berührt hat. Ein technisch sehr anspruchsvoller Ball, der nur mit reichlich Übung gelingt.

Duisburg, MSV: Der »Meidericher Spielverein Duisburg e.V.«, dessen Mannschaft wegen der gestreiften ➔ Trikots auch »die Zebras« genannt wird, ist eine der Traditionsmannschaften des deutschen Fußballs. Der Verein kann zwar keine bedeutenden Titel vorweisen, ist aber seit vielen Jahrzehnten aufgrund seiner guten Leistungen und seiner Popularität aus der deutschen Fußball-Landschaft nicht wegzudenken. 1963 war der MSV Gründungsmitglied der Bundesliga, und in 19 Jahren Erstligazugehörigkeit gelangen mehrere zweite Plätze in Meisterschaft und ➔ DFB-Pokal, selbst ein UEFA-Cup-Halbfinale erreichten die Zebras. Einen Rekord kann der MSV für sich ebenfalls verbuchen: 1966 gelang bei Tasmania Berlin mit 9 : 0 der höchste Auswärtssieg, der je in der 1. Bundesliga erreicht wurde. Nach 1982 ging es zwischen Regionalliga und 1. Bundesliga hin und her. Am Ende der Saison 2004/05 erreichte Duisburg wieder einmal den Aufstieg und schnupperte für eine Saison Erstligaluft, bevor es als Tabellenletzter wieder abwärts ging.

GEGRÜNDET: 17. 9. 1902

STADION: MSV-Arena, 31 054 Zuschauerplätze

INTERNET: www.msv-duisburg.de

Markus Kurth und Mihai Tararache vom MSV Duisburg bejubeln im Februar 2006 ein Tor ihres Vereins im Spiel gegen den 1. FC Kaiserslautern, das 2 : 2 endete.

Dribbeln und tricksen

Manchmal findet ein Mittelfeld- oder Angriffsspieler keinen Mitspieler in besserer Position, zu dem er einen Pass spielen könnte. Er muss also im Einzelangriff den Ball nach vorn führen und sich gleichzeitig gegen gegnerische Abwehrspieler durchsetzen – er muss dribbeln und tricksen.

Wie wird gedribbelt?
Beim Dribbling treibt ein Spieler den Ball abwechselnd mit Innen- und Außenseite des Fußes jeweils eine kurze Strecke nach vorn (bei schnellem Antritt wird der Ball mit dem Spann etwas weiter vorgelegt). So behält er jederzeit den Kontakt zum Ball und kontrolliert seine Laufbahn. Solange der Spieler ungestört bleibt, kann er dribbeln, bis er sich in eine günstige Torschussposition gebracht hat oder einer seiner Mitspieler sich freilaufen konnte.

Finte 1

Was sind Finten?
Fast immer wird aber ein gegnerischer Spieler angreifen und versuchen, ihn vom Ball zu trennen. Dann versucht der Angreifer, mit Tricks – Trainer sagen »mit Finten« – seinen Gegner zu umspielen. Das Wichtigste ist dabei, dass er seinen Körper zwischen Gegner und Ball hält, sonst könnte der Verteidiger ihn mit einem fairen Tackling vom Ball trennen.

Wie wird der Gegner ausgetrickst?
Es gibt verschiedene Möglichkeiten, den Gegner durch eine Körperfinte zu täuschen. Der angreifende Spieler kann den Ball mit ausholendem Bein scheinbar als Pass spielen. Tatsächlich stoppt er den Ball mit der Sohle: Der Angreifer läuft ins Leere. Nun kann der Ball weitergedribbelt werden. Häufig täuscht der dribbelnde Spieler auch einen Richtungswechsel vor (1). Reagiert der Abwehrspieler, führt der Angreifer den Ball in die andere Richtung (2). Diese Finte ist aber nur dann erfolgreich, wenn der täuschende Spieler sofort und mit hoher Geschwindigkeit antritt (3) – der Verteidiger ist umspielt.

Finte 2

Finte 3

E

Eckball ➔ Eckstoß.

Eckfahne: Markierung an jeder Ecke des Spielfeldes. Die Stange, an der die Fahne angebracht ist, muss mindestens 1,50 m hoch und darf oben nicht spitz sein.

Eckraumlinie: Um jede Eckfahne ist ein Viertelkreis mit einem Durchmesser von einem Meter gezogen. Das ist die Eckraumlinie.

Eckstoß: Ein Eckstoß wird dann verhängt, wenn ein Spieler der abwehrenden Mannschaft (auch der Torhüter) den Ball zuletzt berührt und der Ball daraufhin über die ➔ Torauslinie (Grundlinie) rollt oder fliegt. Den Eckstoß führt ein Spieler der angreifenden Mannschaft aus. Er kann direkt ein Tor erzielen. Der Ball wird in den Viertelkreis der am nächsten gelegenen ➔ Eckfahne gelegt. Die Gegenspieler müssen zum Ball einen Abstand von 9,15 Metern halten, bevor er gespielt wird. Die Eckfahne muss bei der Ausführung stehen bleiben. Der ausführende Spieler darf den Ball nicht wieder spielen, bevor er von einem anderem Spieler berührt wurde.

Effetstoß: Schuss, bei dem der Ball angeschnitten wird und dadurch eine gekrümmte Flugbahn bekommt. So kann eine ➔ Mauer umspielt oder ein ➔ Eckstoß in einen direkten Treffer verwandelt werden. Der Trick besteht darin, den Ball seitlich zu treffen, so dass er sich um sich selbst drehend durch die Luft fliegt.

Mit einem Effetstoß kann man gefährliche Freistöße schießen.

Ehrenspielführer: ➔ Wer sind die Ehrenspielführer der deutschen Nationalmannschaft?

Eigentor: Treffer, an dem ein Spieler der abwehrenden Mannschaft beteiligt war. Meist passieren Eigentore, wenn ein Abwehrspieler den Ball unglücklich am Torhüter vorbei ins eigene Tor abfälscht.

Eindhoven, PSV: Zusammen mit seinen Erzrivalen Ajax ➔ Amsterdam und Feyenoord ➔ Rotterdam zählt der PSV Eindhoven zu den erfolgreichsten Fußballver-

Wer sind die Ehrenspielführer der deutschen Nationalmannschaft?

Herausragenden Nationalspielerinnen und Nationalspielern, die in ihrer Karriere für längere Zeit auch Mannschaftskapitän der Nationalelf waren, kann für ihre besonderen Verdienste der Titel »Ehrenspielführer/in« zuerkannt werden. Zum Ehrenspielführer bzw. zur Ehrenspielführerin der Nationalmannschaft wurden bisher ernannt:

Fritz Walter
Uwe Seeler
Franz Beckenbauer
Lothar Matthäus
Bettina Wiegmann

einen der Niederlande. Der PSV war bereits 19-mal niederländischer Meister, siebenmal niederländischer Pokalsieger und je einmal Sieger des UEFA-Cups und der Champions League.
GEGRÜNDET: 31. 8. 1931
STADION: Philips Stadion, 36 500 Zuschauerplätze
INTERNET: www.psv.nl

Einsatz: Das Aufstellen eines Spielers in der Startformation oder → Einwechslung eines Spielers. Weiterhin spricht man, wenn ein Spieler auf dem Platz mit starkem Engagement zur Sache geht, davon, dass er großen Einsatz zeigt.

einschnüren: bedrängen der gegnerischen Mannschaft in ihrem eigenen Strafraum, so dass sie nicht mehr aus der eigenen Spielfeldhälfte herauskommt.

einsteigen: den Gegner grob foulen.

einwechseln → auswechseln.

Einwurf: Schießt ein Spieler den Ball über die Seitenlinie ins Aus, darf ein Gegenspieler den Ball mit der Hand vom Spielfeldrand ins Spiel werfen. Der Einwurf ist nur gültig, wenn der Ball mit beiden Händen von hinten über den Kopf geworfen wurde und beide Füße auf dem Boden bleiben. Der Spieler darf die Seitenlinie nicht überschreiten. Bei einem Fehler darf nun die gegnerische Mannschaft einwerfen. Ein gezielter Einwurf ist sehr wichtig, da so schon ein Angriffsmanöver eingeleitet werden kann. Eine große Chance bietet der Einwurf, wenn er einer Mannschaft in ihrem Angriffsdrittel zugesprochen wird. Bei einem Einwurf gilt kein → Abseits, die Spieler können entsprechend weit zum gegnerischem Tor aufrücken.

Einzelaktion: Spielzug ohne die Einbindung von Mannschaftskameraden. Manchmal kann eine Einzelaktion sinnvoll sein, wenn kein Mitspieler zum Anspielen bereit steht und der Spieler durchsetzungsstark ist.

Elber, Giovane: brasilianischer Stürmer, der 2003 zusammen mit Thomas Christiansen Torschützenkönig der Bundesliga wurde. Zusammen mit seinen Mannschaftskollegen Fredi Bobic und Krassimir Balakov bildete Elber beim VfB ➔ Stuttgart das »magische Dreieck«. 2003 wechselte Elber zum französischen Verein Olympique Lyon, 2005 spielte er kurz für Borussia Mönchengladbach in der Bundesliga. Im Januar 2006 kehrte er nach Brasilien zurück und läuft dort heute für Cruzeiro Belo Horizonte auf.
GEBOREN: 23. 7. 1972 in Londrina, Brasilien
SPIELPOSITION: Angriff
VEREIN: Borussia Mönchengladbach (seit 2005)
GRÖSSTE ERFOLGE: Französischer Meister mit Olympique Lyon (2004); Deutscher Meister mit dem FC Bayern München (1999, 2000, 2001, 2003); Deutscher Pokalsieger mit dem VfB Stuttgart (1997) und mit dem FC Bayern München (1998, 2000, 2003); Champions-League-Sieger mit dem FC Bayern München (2002); Weltpokalsieger mit dem FC Bayern München (2001)

Der Brasilianer Giovanne Elber, hier im Trikot des FC Bayern München, mit perfekter Schusstechnik

Elf: Begriff für die elf Spieler zählende Fußballmannschaft.

Elfmeter: Strafstoß gegen eine Mannschaft, deren Spieler im eigenen ➔ Strafraum einen schweren Regelverstoß begangen hat. Der Ball wird auf den ➔ Elfmeterpunkt gelegt, daher die Bezeichnung. Alle übrigen Spieler müssen außerhalb des Strafraums, hinter dem ➔ Elfmeterpunkt und mindestens 9,15 m vom Ball entfernt sein. Der Torwart muss bis zum Schuss auf seiner ➔ Torlinie zwischen den Pfosten bleiben. Prallt der Ball an Pfosten oder Torwart ab, darf ein anderer Spieler der Mannschaft nachsetzen. Der eigentliche Schütze darf den Ball erst wieder schießen, wenn ein Mitspieler ihn berührt hat.

Elfmeterpunkt: Strafstoßmarke, von der aus der Elfmeter ausgeführt wird. Sie liegt elf Meter vor der Mitte der ➔ Torauslinie.

Elfmeterschießen: Spiele, die im ➔ K.o.-System ausgetragen werden und auch nach einer Verlängerung unentschieden stehen, werden im Elfmeterschießen entschieden. Dafür benennt jede Mannschaft fünf Schützen, die abwechselnd einen Strafstoß ausführen. Beide Mannschaften schießen dabei auf das gleiche Tor, nur der Torhüter wechselt. Sieger ist, wer mehr Tore erzielt. Ist nach fünf Schützen noch keine Entscheidung gefallen, wird so lange weiter geschossen, bis eine Mannschaft verschießt. Steht die Entscheidung schon vor dem fünften Schützen fest, ist das Elfmeterschießen beendet. Bevor das Elfmeterschießen eingeführt wurde, hat man nach der Verlängerung den Sieger einfach ausgelost.

Endspiel: letztes Spiel eines Turniers, das im ➔ K.o.-System ausgetragen wird. Im Endspiel wird der Sieger ermittelt.

England, Nationalmannschaft: Der Fußball in Großbritannien stellt mit vier Nationalmannschaften eine Besonderheit dar: die Landesteile England, Schottland, Wales und Nordirland haben ihre Fußballverbände unabhängig voneinander gegründet und entsenden zu internationalen Wettbewerben jeweils eigene Mannschaften, sofern sich diese qualifizieren. Die alte Rivalität zwischen den Volksgruppen und damit den Fans ist so groß, dass niemals eine vereinte britische Nationalmannschaft angestrebt wurde. International ist aus dem Quartett die englische Nationalmannschaft am erfolgreichsten. Sie ist dem Verband English Football Association, gegründet 1863, untergeordnet. 1966 errang England den Weltmeistertitel. Die englische Nationalmannschaft gehört zu den ältesten Nationalmannschaften der Welt und bestritt 1872 ihr erstes Länderspiel gegen Schottland. Derzeitiger Nationaltrainer ist Steve McClaren (seit 2006). Berühmte Spieler der englischen Nationalmannschaft sind David ➔ Beckham, Bobby ➔ Charlton und Sir Stanley Matthews.

Der Kapitän der englischen Nationalmannschaft, Bobby Moore, hält nach dem Finale der FIFA WM 1966 den Jules-Rimet-Pokal in die Höhe.

englische Woche: Sieht der Spielplan drei Pflichtspiele innerhalb von acht Tagen vor, so spricht man der Tradition in England folgend von einer englischen Woche. Die Begegnungen finden dann z.B. im Rhythmus Samstag-Mittwoch-Samstag statt. Sie stellt hohe Anforderungen an die Kondition der Spieler, weil für die erforderliche Regeneration nur wenig Zeit bleibt. Vor allem Mannschaften, die sich für europäische Pokalwettbewerbe qualifiziert haben, müssen viele englische Wochen spielen.

Entlastungsangriff: »Angriff ist die beste Verteidigung« ist das Motto beim Entlastungsangriff. Wird eine Mannschaft vor dem eigenen Torraum über längere Zeit unter Druck gesetzt, geht sie zum Gegenangriff über, um den Gegner auszuhebeln und möglichst eigene Torchancen herauszuspielen.

Die Europameisterschaft (EM)

Die Europameisterschaft ist ein alle vier Jahre stattfindendes Turnier für Fußball-Nationalmannschaften, bei dem die beste Nationalmannschaft Europas ermittelt wird. Sie findet jedes Mal in einem anderen europäischen Land statt. Veranstalter des Wettbewerbs ist die ➔ UEFA. Der Siegerpokal heißt auch heute noch zu Ehren des Initiators Henri-Delaunay-Pokal. Im Jahr 2008 wird die EM ab dem 7. Juni in Österreich und der Schweiz ausgetragen. Spielorte sind in der Schweiz die Stadien in Basel, Genf, Bern und Zürich und in Österreich in Wals-Siezenheim, Innsbruck und Klagenfurt.

Der versilberte Wanderpokal, der Henri-Delaunay-Pokal, ist 42,5 cm hoch und wiegt rund 10 kg.

Die Idee kam aus Frankreich

1927 schlug der Franzose Henri Delaunay der ➔ FIFA vor, ein internationales Turnier mit europäischen Mannschaften zu veranstalten. Der Vorschlag wurde abgelehnt, da die FIFA bereits mit der Vorbereitung der ersten WM 1930 beschäftigt war. Sein Sohn Pierre Delaunay und Gabriel Hanot starteten 1957 einen neuen Versuch. Diesmal stimmte die FIFA zu und rief den Europapokal der Nationen (1968 umbenannt in Europameisterschaft) ins Leben. Das erste EM-Endspiel fand am 10. Juli 1960 in Paris statt. Es siegte die Sowjetunion gegen Jugoslawien mit 2:1 nach Verlängerung.

EM 1960: Das Endspiel der ersten Europameisterschaft fand im Pariser Prinzenparkstadion statt. Erster Europameister wurde die Sowjetunion.

EM 1972: Im Endspiel gegen die Sowjetunion wurde die BRD zum ersten Mal Europameister.

Der Wettbewerb

In der Qualifikationsrunde spielen die Länder in Gruppen gegeneinander, deren Teilnehmer vorher ausgelost wurden. 15 Teams kommen weiter. Zusammen mit dem Gastgeberland, das automatisch qualifiziert ist, nehmen dann 16 Länder an der Europameisterschaft teil. Das Turnier dauert rund drei

EM 1996: Mit seinem Golden Goal sichert Oliver Bierhoff der Mannschaft der Bundesrepublik Deutschland den dritten Europameistertitel.

Wochen und teilt sich in eine Vorrunde und eine Endrunde. In der Vorrunde spielen vier Gruppen mit je vier Mannschaften. Innerhalb der Gruppe hat jede Mannschaft drei Gruppenspiele, da jede Mannschaft gegen jede spielt. Die ersten beiden aus jeder Gruppe ziehen in das ➔ Viertelfinale ein. In der Finalrunde, auch Endrunde genannt, gilt das ➔ K.o.-System, das heißt, der Verlierer jedes Spiels scheidet aus. Im ➔ Endspiel gibt es bei Gleichstand eine Verlängerung und schließlich entscheidet das ➔ Elfmeterschießen.

CUP

Die Gewinner der EM

1960 Sowjetunion
1964 Spanien
1968 Italien
1972 Bundesrepublik Deutschland
1976 Tschechoslowakei
1980 Bundesrepublik Deutschland
1984 Frankreich
1988 Niederlande
1992 Dänemark
1996 Deutschland
2000 Frankreich
2004 Griechenland

Die deutsche Nationalmannschaft in der EM
Mit drei Titeln (1972, 1980 und 1996) ist Deutschland das erfolgreichste Länderteam der EM. Unvergessen ist vor allem das Endspiel am 30. Juni 1996 im Londoner Wembley-Stadion. Damals trat das deutsche Team mit seinem Trainer Berti Vogts gegen Tschechien an. Nach 90 Minuten stand es 1:1 und die Mannschaften gingen in die Verlängerung. In der 95. Minute schoss Oliver Bierhoff mit dem ersten ➔ Golden Goal der Fußballgeschichte die deutsche Mannschaft zum Sieg.

EM 2004: Die griechische Nationalmannschaft wird mit ihrem deutschen Trainer Otto Rehhagel Europameister.

Der europäische Supercup

Um den europäischen Supercup spielen der Sieger der → Champions League und der Sieger des → UEFA-Cup-Wettbewerbs. Seit 1998 wird das Endspiel immer in Monaco ausgetragen. Vorher wurde der Supercup in Hin- und Rückspiel entschieden. Die Gewinner der letzten Jahre waren:

1998	FC Chelsea London
1999	Lazio Rom
2000	Galatasaray Istanbul
2001	FC Liverpool
2002	Real Madrid
2003	AC Mailand
2004	FC Valencia
2005	FC Liverpool

Ergänzungsspieler → Auswechselspieler.

Ermahnung: Warnung des Schiedsrichters bei einem Fehlverhalten eines Spielers ohne eine direkte Konsequenz wie etwa → Freistoß oder Karte.

Essen, Rot-Weiß: Für den traditionsreichen Verein spielte der berühmte Helmut → Rahn, der entscheidend am Gewinn des Weltmeistertitels für Deutschland im Jahr 1954 beteiligt war. Ein Jahr später gewann Rahn mit seinem Verein auch die deutsche Meisterschaft. Dann blieben allerdings die Erfolge aus. Zwischen 1966 und 1977 pendelte der Verein zwischen der 1. Bundesliga und der Regionalliga. In der Saison 2005/06 gelang Rot-Weiß Essen der Aufstieg in die 2. Bundesliga.
GEGRÜNDET: 1. 2. 1907
STADION: Georg-Melches-Stadion, 25 300 Zuschauer
INTERNET: www.rot-weiss-essen.de

Europameisterschaft → S. 60.

Europapokal: zusammenfassender Begriff für die Europawettbewerbe der Vereinsmannschaften. Zu den Europapokalspielen gehört die → Champions League und der → UEFA-Cup.

Europapokal der Landesmeister: Bis 1990 ausgetragener Wettbewerb der Meister ihres Landes in Europa. 1991 umbenannt in → UEFA Champions League.

Europapokal der Pokalsieger: Von 1960 bis 1999 richtete die UEFA den europäischen Wettbewerb für Fußballvereine aus. Teilnehmer waren die nationalen Pokalsieger der europäischen Länder der Vorsaison. Aus Deutschland nahm der DFB-Pokalsieger des jeweiligen Jahres teil. Heute nehmen die Pokalsieger am → UEFA-Cup teil.

Der französische Nationalstürmer Thierry Henry ist seit 1999 Torgarant beim FC Arsenal London. In keiner Saison dort schoss er weniger als 17 Tore, in den letzten fünf Spielzeiten waren es immer mehr als 20!

Europas Fußballer des Jahres: Von der UEFA verliehener Titel für herausragende Spieler einer europäischen Mannschaft.

Europa-Supercup ➔ Der europäische Supercup.

Europas Torschützenkönig: erfolgreichster Torschütze der europäischen Erstligen innerhalb einer Saison. Er wird mit dem Goldenen Schuh ausgezeichnet. Im Jahr 2006 ging die Auszeichnung an Thierry Henry vom FC Arsenal ➔ London.

Eusébio da Silva Ferreira: Der kraftvolle, unerhört schnelle Mittelstürmer mit exzellenter Schusstechnik wurde als »schwarzer Panter« oder »schwarze Perle« zur Fußballlegende Portugals. Er gewann 1968 mit 42 Toren den erstmals vergebenen »Goldenen Schuh« als bester Torschütze Europas. Eusébio war der erste Weltklassestürmer vom afrikanischen Kontinent.
Geboren: 25. 1. 1942 in Lourenco-Marques, dem heutigen Maputo, Mosambik

Die europäischen Fußballer des Jahres seit 1996

1996	Matth. Sammer, Deutschland, Bor. Dortm.
1997	Ronaldo, Brasilien, Inter Mailand
1998	Zinedine Zidane, Frankreich, Juv. Turin
1999	Rivaldo, Brasilien, FC Barcelona
2000	Luis Figo, Portugal, Real Madrid
2001	Michael Owen, England, FC Liverpool
2002	Ronaldo, Brasilien, Real Madrid
2003	Pavel Nedved, Tschechien, Juv. Turin
2004	Andriy Shevchenko, Ukraine, AC Mailand
2005	Ronaldinho, Brasilien, FC Barcelona

Spielposition: Angriff
Verein: Benfica Lissabon
Grösste Erfolge: Portugiesischer Meister mit Benfica Lissabon (1961, 1963, 1964, 1965, 1967, 1968, 1969, 1971, 1972, 1973, 1974); Portugiesischer Pokalsieger mit Benfica Lissabon (1962, 1964, 1969, 1970, 1972); Champions-League-Sieger mit Benfica Lissabon (1962)

Der Portugiese Eusébio da Silva Ferreira gilt als einer der besten Stürmer aller Zeiten in Portugal.

E

Fahne: **1.** Hilfsmittel, das der ➔ Schiedsrichterassistent in Händen hat, um ➔ Abseits, Aus oder ➔ Foul anzuzeigen. **2.** Flagge der Fans, die das Emblem ihres Vereins oder die Nationalflagge mitführen, um ihre Anhängerschaft zu bekennen. Siehe auch ➔ Eckfahne.

Der Schiedsrichterassistent signalisiert dem Schiedsrichter mit der Fahne einen Spielerwechsel.

Fahrstuhlmannschaft: Verein, der regelmäßig ab- und wieder aufsteigt. Als typische »Fahrstuhlmannschaft« gilt Arminia ➔ Bielefeld. Der Verein ist bereits siebenmal in die erste Bundesliga aufgestiegen. Der FC ➔ Nürnberg ist bislang sechsmal abgestiegen, sechsmal wieder aufgestiegen. Auch der VfL ➔ Bochum ist Anwärter auf den Titel: Seit 1993 pendelt der Verein immer wieder zwischen 1. und 2. Bundesliga.

Fairness: A und O beim Fußball ist das Verhalten gemäß den Spielregeln und Respekt gegenüber dem Gegner, dem Schiedsrichter, den Fans und den eigenen Mitspielern. Der Fußballweltverband ➔ FIFA setzt sich immer wieder für das faire Verhalten von Spielern und Fans ein. Das beschränkt die FIFA nicht auf faires Verhalten auf dem Spielfeld. Der Fußballweltverband engagiert sich in Kinderhilfsprojekten, im Behindertensport, in Aktionen gegen Rassismus und in krisengeschüttelten Regionen der Erde. Jedes Jahr vergibt die FIFA einen Fairplay-Preis an einzelne Personen oder Gruppen, das müssen durchaus keine Fußballspieler sein.

Fallrückzieher: spektakuläres Manöver, um auch einen ungünstig ankommenden Ball in ein Tor zu verwandeln. Der Fallrückzieher ist eine Schusstechnik für Fortgeschrittene, die nur gelingen kann, wenn man sie häufig übt. Der Schütze steht mit dem Rücken zum Tor. Das Standbein, also das Bein, mit dem nicht geschossen wird, wird zuerst nach oben geschwungen.

Jetzt folgt der Abstoß mit dem Spielbein, das nachzieht und den Ball mit dem Spann am höchsten Punkt trifft. Der Spieler muss sich beim Fallen gut abrollen können.

falscher Einwurf → Einwurf.

Fan: Anhänger eines Vereins oder einer Nationalmannschaft, die in den Stadien durch Rufe und Gesänge ihre Mannschaft unterstützen und die Atmosphäre des Spiels mitprägen.

Diese Fans identifizieren sich auch in der Kleidung mit der deutschen Nationalmannschaft.

Der Fairplay-Kodex im Fußball

Im FIFA-Fairplay-Kodex sind zehn Regeln aufgestellt.

1. Spiele, um zu gewinnen. Verliere niemals absichtlich!
2. Spiele fair. Der Sieg hat keinen Wert, wenn er nicht ehrlich und fair erreicht worden ist. Fairplay wird immer belohnt, auch wenn das Spiel verloren wird!
3. Halte dich an die Spielregeln. Jedes Spiel braucht Regeln. Ohne sie herrscht Chaos.
4. Respektiere Gegner, Mitspieler, Spielleiter, Offizielle und Zuschauer. Ohne Gegner gibt es kein Spiel. Alle verdienen den gleichen Respekt wie du.
5. Akzeptiere eine Niederlage mit Würde. Niemand gewinnt immer. Gute Verlierer verdienen mehr Respekt als schlechte Gewinner.
6. Fördere die Interessen des Fußballs. Fußball ist das beliebteste Spiel der Welt. Damit das so bleibt, ermuntere andere Leute, fair zuzuschauen oder zu spielen.
7. Lehne Korruption, Drogen, Rassismus und Gewalt ab. Drogen haben im Fußball, jedem anderen Sport und in unserer Gesellschaft keinen Platz. Sag Nein zu Rassismus. Behandle alle Spieler und Zuschauer gleich, ungeachtet ihrer Hautfarbe und Herkunft. Zeige, dass der Fußball keine Gewalt will, auch nicht von den eigenen Fans.
8. Hilf anderen, negativen Einflüssen zu widerstehen. Zögere nicht, auf andere einzuwirken, die versucht sind, auf irgendeine Art zu betrügen. Sie brauchen deine Hilfe. Erinnere sie an ihre Verpflichtung gegenüber ihren Teamkameraden und dem Image des Spiels.
9. Verurteile die, die versuchen, dem Fußball zu schaden. Zeige die an, von denen du sicher bist, dass sie etwas Unrechtes vorhaben oder tun. Prangere die Schuldigen an, bevor sie jemand anderen dazu verleiten, mitzumachen. Deine Ehrlichkeit wird bewundert werden, im Gegensatz zu deiner Mittäterschaft. Denn Ehrlichkeit erfordert mehr Mut, als einfach mitzumachen.
10. Ehre jene, die die Interessen des Fußballs verteidigen. Auch wenn die Mehrheit der Fußballfamilie ehrlich und fair ist, leisten manche etwas, was unsere spezielle Anerkennung verdient. Ihr Beispiel soll Schule machen. Fördere den Fußball, indem du die guten Taten bekannt machst.

Fanclub: Organisation der Anhänger eines ➔ Vereins. Die meisten Vereine haben mehrere Fanclubs, die sich nach Zielen und Anhängerschaft unterscheiden.

Faustabwehr: das Wegschlagen des Balls mit beiden Fäusten durch den ➔ Torhüter. Kann es dem Torwart nicht gelingen, den Ball zu fangen, faustet er ihn weit und hoch vom Tor weg. So haben er und die Mannschaft Zeit, sich neu in Position zu bringen.

FC: Abkürzung für Fußballclub.

Fehlentscheidung: Entscheidungen, die der ➔ Schiedsrichter während eines Spiels trifft, sind endgültig. Nur der Schiedsrichter selbst darf seine Entscheidung ändern, wenn er festgestellt hat, dass sie falsch war oder ihn der Hinweis eines Assistenten davon überzeugt hat. Das Spiel darf dann aber noch nicht fortgesetzt worden sein. Eine »klare Fehlentscheidung«, wie mancher Schiedsrichterpfiff von Fernsehkommentatoren genannt wird, ist also trotzdem gültig. Die Fußballverbände, die die Schiedsrichter auswählen und einsetzen, schauen sich aber genau an, ob der Schiedsrichter nach den Regeln pfeift oder häufig Entscheidungen trifft, die von den Regeln abweichen.

Fehlpass: Schuss, der nicht wie beabsichtigt einen Mitspieler erreicht, sondern direkt zu einem Gegenspieler gelangt oder von ihm abgefangen wird.

Feldspieler: Alle Spieler auf dem Fußballplatz außer dem Torwart sind Feldspieler.

Feldverweis: auch Platzverweis. Ausschluss eines Spielers vom weiteren Spiel. Es darf kein anderer Spieler als Ersatz eingesetzt werden. Im Profibereich ist der Spieler auch für das kommende Spiel gesperrt. Mit der ➔ Roten Karte werden Spieler vom Platz gestellt, die

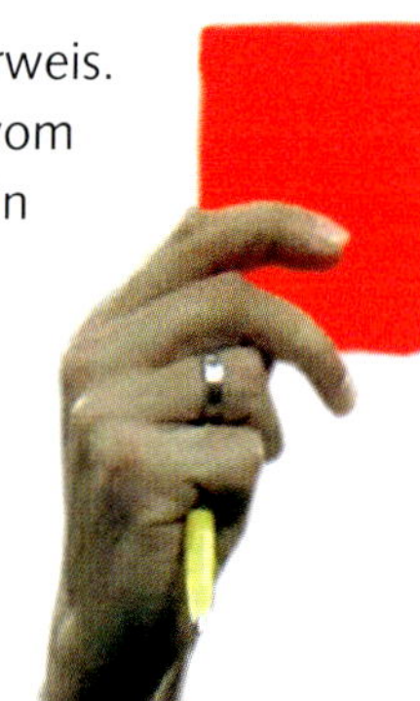

1. ein grobes ➔ Foul begehen, also im Kampf um den Ball übermäßig hart oder brutal angreifen oder die Gesundheit des Gegners gefährden;
2. gewaltsam spielen, also sich im Spiel oder neben dem Spielfeld übermäßig hart und brutal gegen andere Mitspieler verhalten;

Schon gewusst?

Im Jugendbereich können sich die Spieler wegen einem dieser sieben Vergehen auch einen Platzverweis auf Zeit einhandeln. Die Mannschaften legen vor dem Spiel fest, wie lange die Auszeit dauern soll. Das können je nach Alter der Spieler etwa zwei, fünf oder zehn Minuten sein. Trotzdem gibt es aber auch hier auch die → Rote Karte für die gesamte Spieldauer. Jugendspieler dürfen beim nächsten Mannschaftsspiel wieder dabei sein.

3. jemanden anspucken;
4. eine offensichtliche Torchance des Gegners mit der Hand abwehren oder zunichte machen (gilt natürlich nicht für den Torwart);
5. gegen einen auf das Tor zulaufenden Gegenspieler ein mit → Strafstoß oder → Freistoß zu ahndendes Abwehrmittel einsetzen;
6. anstößige, beleidigende oder schmähende Äußerungen oder Gebärden machen;
7. eine zweite → Gelbe Karte im selben Spiel erhalten. Siehe auch → Ampelkarte.

Fernschuss → Weitschuss.

Fernsehrechte: Mit dem Zuschauermagnet Fußball lässt sich seit langer Zeit gutes Geld verdienen. Je mehr Zuschauer vor den heimischen Bildschirmen Vorberichte, Spielübertragungen und Analysen verfolgen, desto höher sind die Werbeeinnahmen für die Sender. Deshalb kaufen sich Fernsehsender Rechte, um die Spiele live übertragen zu können. Für die Spiele in der Bundesliga vergibt diese Rechte die → Deutsche Fußball Liga (DFL). Durchschnittlich 4,72 Millionen Zuschauer verfolgen pro Spieltag die Bundesliga am Fernsehgerät. Bis zur Saison 2005/06 hatte der Bezahlsender Premiere das alleinige Live-Übertragungsrecht von Spielen aus der Bundesliga. Die ARD hat sich die Zusammenfassungen gesichert, die in der Sportschau gezeigt werden. Ab der Saison 2006/07 hält die Firma Arena für mindestens drei Jahre alle Rechte an der Live-Übertragung der Begegnungen an jedem Spieltag in der 1. und 2. Bundesliga. ARD, ZDF und DSF haben sich die Rechte für die Verwertung, das heißt für die Zusammenschnitte und Berichterstattung nach den Spielen, gesichert.

festhalten: ziehen am Trikot des Gegners oder zurückhalten am Arm. Im Normalfall wird das Festhalten des Gegners mit einem direkten → Freistoß oder → Strafstoß bestraft. Es kann aber auch die → Gelbe Karte wegen unsportlichen Verhaltens oder die → Rote Karte nach sich ziehen, wenn eine offensichtliche Torchance verhindert werden sollte.

FIFA: Abkürzung für »Fédération Internationale de Football Association« (Internationaler Zusammenschluss der Fußballverbände). Sie wurde am 21. 5. 1904 in Paris gegründet. In der FIFA haben sich die nationalen Fußballverbände aller Kontinente zusammengeschlossen. Zurzeit gehören dem Weltfußballverband 204 Mitgliedsverbände an. Die FIFA ist für alle wichtigen Belange des Weltfußballs zuständig, richtet die Fußballweltmeisterschaften aus und kümmert sich um die Pflege und Vereinheitlichung des Regelwerks. Die FIFA hat ihren Sitz in Zürich.

FIFA
For the Good of the Game

Der Portugiese Luis Figo (links) setzt sich gegen den Angolaner Delgoda im Gruppenspiel der WM 2006 durch.

Figo, Luis: Der Portugiese gilt als einer der weltbesten aktiven Fußballer. Für rund 60 Millionen Euro wechselte der Mittelfeldspieler im Jahr 2000 vom FC ➔ Barcelona zu Real ➔ Madrid, von wo aus er im Sommer 2005 ablösefrei zum italienischen Spitzenclub Inter ➔ Mailand ging. Figo ist der am meisten gefeierte portugiesische Fußballspieler seit dem legendären ➔ Eusébio. Im Jahr 2000 war Figo Europas Fußballer des Jahres und 2001 Weltfußballer des Jahres.

GEBOREN: 4. 11. 1972 in Lissabon, Portugal

SPIELPOSITION: Mittelfeld

VEREINE: Sporting Lissabon, FC Barcelona, Real Madrid, Inter Mailand

GRÖSSTE ERFOLGE: Portugiesischer Pokalsieger mit Sporting Lissabon (1995); Spanischer Meister mit dem FC Barcelona (1998, 1999) und Real Madrid (2001, 2003); Spanischer Pokalsieger mit dem FC Barcelona (1997, 1998); Sieger im Europapokal der Pokalsieger mit dem FC Barcelona (1997); Champions-League-Sieger mit Real Madrid (2002)

Finale: letztes Spiel eines Turniers, in dem der Turniersieger ermittelt wird.

Finte ➔ Wie wird der Gegner getäuscht?, S. 69.

Fischer, Klaus: deutscher Fußballer, der 535 Bundesligaeinsätze zu verzeichnen hat. Von 1977 bis 1982 war Fischer Nationalspieler und erzielte 32 Tore. Er nahm an zwei FIFA WM-Turnieren teil und wurde 1982 Vizeweltmeister. Be-

Wie wird der Gegner getäuscht?

Durch eine so genannte Finte bzw. das Austricksen des Gegners mit einer Körpertäuschung kann man den Gegner ins Leere laufen lassen.

1. Plötzlicher Richtungswechsel: Der Spieler täuscht vor, er wolle links an dem Gegenspieler vorbei. Dazu dreht er den Oberkörper nach links und zieht die Schulter nach links vorne. Folgt der Gegner der angetäuschten Richtung, zieht der Spieler rechts an ihm vorbei.

2. Stoppmanöver: Durch einen abrupten Stopp aus dem Lauf und eine plötzliche Kehrtwende wird ein Verfolger abgeschüttelt.

3. Schussfinte: Ein Torschuss wird angedeutet, doch geschossen wird erst mit Verzögerung.

rühmt wurde Fischer durch seine ➔ Fallrückzieher. 1977 wurde ein solches Tor von ihm Tor des Jahres, später auch Tor des Jahrzehnts und schließlich Tor des Jahrhunderts. Heute betreibt Fischer eine Fußballschule.

Klaus Fischer, bekannt für seine spektakulären Treffer, auf dem Weg zum gegnerischen Tor

Geboren: 27. 12. 1949 in Kreuzstraßl
Vereine: 1860 München, Schalke 04, 1. FC Köln, VfL Bochum
Grösste Erfolge: Deutscher Pokalsieger mit Schalke 04 (1972) und mit dem 1. FC Köln (1983)

Fitschen, Doris: erfolgreiche Bundesliga- und Nationalspielerin. Fitschen war eine der Spielerinnen, die 1991 beim Start der Frauen-Bundesliga dabei waren. 1986 gab sie ihr Debüt als Nationalspielerin. Als jüngste Spielerin sicherte sie sich 1989 den ersten EM-Titel. Nach 177 Länderspieleinsätzen beendete sie ihre Karriere mit dem Sieg der Europameisterschaft 2001.

Doris Fitschen, erfolgreiche deutsche Fußball-Nationalspielerin von 1986 bis 2001, in einem ihrer 177 Länderspiele

Geboren: 25. 10. 1968 in Zeven
Vereine: FC Hesedorf, TuS Westerholz, VfR Eintracht Wolfsburg, TSV Siegen, FFC Frankfurt, Philadelphia Charge
Grösste Erfolge: Deutsche Meisterschaft mit dem TSV Siegen (1994, 1996) und dem 1. FFC Frankfurt (1999); Deutsche Pokalsiegerin mit dem TSV Siegen (1993) und dem 1. FFC Frankfurt (1999, 2000); Deutsche Supercup-Siegerin mit dem TSV Siegen (1992); Europameisterin mit Deutschland (1989, 1991, 1997, 2001)

Flachpass: zielgenauer Stoß in Bodennähe für kurze Entfernungen. Mit dem flachen Zuspiel erreicht der Ball schnell einen Mitspieler.

Flanke: Pass von einem der Flügel zu einem Mitspieler in der Spielfeldmitte, der möglichst in einer torgefährlichen Position stehen sollte. Sehr häufig werden Tore durch eine Flanke eingeleitet.

Flatterball: hoher Ball, dessen Flugbahn nicht vorherzusehen ist, da er nicht geradlinig fliegt, sondern in der Luft »flattert«.

Flügel: Fläche entlang der Außenlinien des Spielfeldes. Es gibt den rechten und den linken Flügel.

Flügelspiel: Taktik, bei der der Angriff über einen Flügel bestritten wird. Ein Mittelfeldspieler flankt vor das Tor.

Flügelwechsel: plötzlicher und überraschender Wechsel eines Außenspielers zur anderen Spielfeldseite.

Flügelzange: taktisches Angriffsspiel, bei dem abwechselnd vom rechten und linken Flügel Bälle vor das Tor, möglichst als Torvorlage, geschlagen werden. Das gegnerische Tor wird von beiden Flügeln »in die Zange genommen«.

Flugball: hoher, weiter Ball.

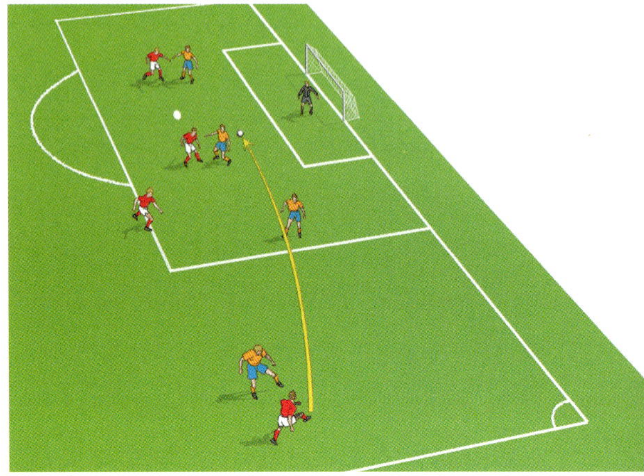

Flugkopfball: Technik für Fortgeschrittene, bei der der Ball mit dem Kopf nach einem Hechtsprung ins Tor befördert wird.

Flutlicht: Licht zur Beleuchtung des Spielfeldes. Bereits im Jahr 1878 fand zum ersten Mal ein Fußballspiel bei elektrischer Beleuchtung in Sheffield auf dem Bramall-Lane-Platz statt.

Forechecking: englischer Begriff, auf Deutsch »Angriffsverteidigung«. Spieltaktik, die in frühzeitigem Stören und Bekämpfen des gegnerischen Angriffs besteht, am besten schon in der Spielfeldhälfte des Gegners.

Foul: englischer Begriff für »faul« (im Sinne von verdorben, schlecht, schmutzig). Der Begriff benennt ein regelwidriges Verhalten. Je nach Schwere des Fouls wird es mit einer Strafe belegt. Siehe auch ➔ grobes Foul.

Frankfurt, Eintracht: Als Gründungsmitglied der Bundesliga war die Eintracht Frankfurt von 1963 bis 1996 im Oberhaus des deutschen Fußballs etabliert. Viermal war Eintracht Frankfurt DFB-Pokalsieger. Seit dem Aufstieg im Jahr 2005 spielt Eintracht Frankfurt wieder in der 1. Bundesliga.
GEGRÜNDET: 8. 3. 1899
STADION: Commerzbank-Arena, 50 000 Zuschauerplätze
INTERNET: www.eintracht.de

Frankfurt, FFC: Der 1. Frauen-Fußball-Club Frankfurt ist hervorgegangen aus der im Jahre 1970 gegründeten SG Praunheim und hat am 1. Januar 1999 deren Lizenz übernommen. In dieser kurzen Zeit gelang es dem FFC bereits fünfmal, die Deutsche Meisterschaft sowie fünfmal den DFB-Pokal zu gewinnen. Ihren größten Erfolg feierten die Frankfurterinnen mit dem Gewinn des UEFA-Pokals in den Jahren 2002 und 2006.
GEGRÜNDET: 27. 8. 1998 (SG Praunheim)
STADION: Stadion am Brentanobad, 6000 Zuschauerplätze
INTERNET: www.ffc-frankfurt.de

Frankreich, Nationalmannschaft: Die »Equipe Tricolore«, benannt nach der dreifarbigen (blau-weiß-roten) Nationalflagge Frankreichs, hat 1998 den Weltmeisterschaftstitel im eigenen Land gewonnen. Ihre Qualität stellten »les bleus« (»die Blauen«, genannt nach dem blauen Trikot) unter Beweis, als sie im ➔ Finale den haushohen ➔ Favoriten

Die Spieler der französischen Nationalmannschaft feiern den Gewinn der Europameisterschaft im Jahr 2000.

➔ Brasilien mit 3 : 0 schlugen. Dachverband ist die »Féderation Française de Football«, die 1954 Gründungsmitglied der ➔ UEFA war. 1984 und 2000 ist Frankreich Europameister und 2006 Vizeweltmeister geworden. Viele hervorragende und international bekannte Fußballer haben für »die Blauen« gespielt oder tun es noch, darunter so große Namen wie Thierry Henry, Michel ➔ Platini und Zinédine ➔ Zidane.

Frauenfußball ➔ S. 74.

Frauennationalmannschaft: Die deutschen Fußballfrauen sind überaus erfolgreich. Im Jahr 2005 konnte das Team der Trainerinnen Tina ➔ Theune-Meyer und Silvia ➔ Neid den sechsten Europameistertitel einfahren. 2003 hat die deutsche Elf die in den ➔ USA ausgetragene Weltmeisterschaft gewonnen. Beim Olympischen Fußballturnier 2004 in Athen konnten die deutschen Frauen die Bronzemedaille erringen. Das erste Spiel auf internationaler Ebene bestritt die DFB-Auswahl 1982. Torschützenkönigin ist mit 84 Toren die vierfache Fußballerin des Jahres, Birgit ➔ Prinz.

Freiburg, SC: Seit 1978 ist der SC Freiburg im deutschen Profifußball vertreten. Von 1978 bis 1993 spielte der Verein in der 2. Bundesliga, dann gelang der Aufstieg in die Königsklasse. Seitdem war der Verein mit Ausnahmen der Saisons 1997/98 und 2002/03 fester Bestandteil der Bundesliga. 2005 misslang jedoch der Klassenerhalt. Bereits seit 1991 ist Volker Finke Trainer der Freiburger Profis. Der FC Freiburg hat auch eine erfolgreiche Frauenmannschaft, die ebenfalls in der Bundesliga spielt.
Gegründet: 30. 5. 1904
Stadion: Badenova-Stadion, 25 000 Zuschauerplätze
Internet: www.scfreiburg.com

Freiburger Spieler bejubeln den Siegtreffer im Spiel der 2. Bundesliga gegen 1860 München am 27. 2. 2006.

freier Mann: Spieler, der unbehelligt von den Gegenspielern auf dem Spielfeld steht und von seinen Mannschaftskameraden somit gut angespielt werden kann.

freier Raum: Raum auf dem Spielfeld, der nicht vom Gegner beherrscht oder kontrolliert wird.

Freigabe: Möchte ein Spieler vor Vertragsende seinen Verein wechseln, kann der Verein darauf bestehen, dass er bleibt. Er kann dem Wechsel aber auch zustimmen und dem Spieler die Freigabe erteilen. Dann wird eine ➔ Ablösesumme vom künftigen Verein fällig.

freilaufen: Ein bewachter Spieler versucht, von seinen Manndecker wegzulaufen, so dass er den Ball frei und ohne Störung annehmen kann.

Freilos: Bei einer ungleichen Anzahl von Mannschaften in einem Turnier kann es vorkommen, dass einer Mannschaft kein Gegner zugelost werden kann. Sie hat dann ein Freilos und erreicht kampflos die nächste Runde.

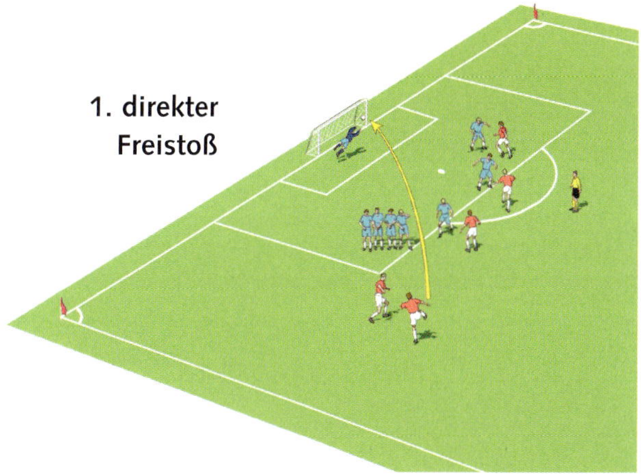

1. direkter Freistoß

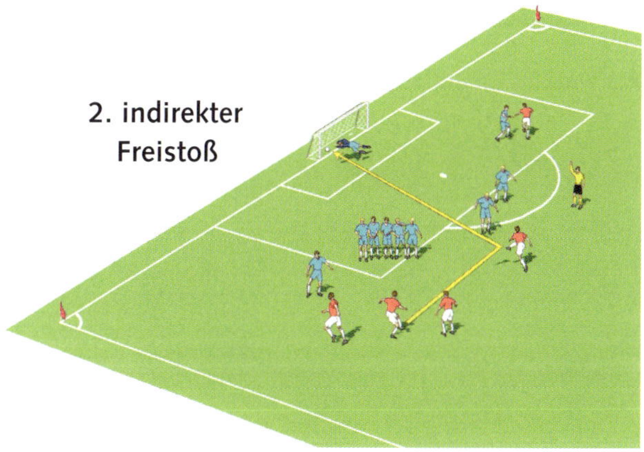

2. indirekter Freistoß

Freistoß: Der ➔ Schiedsrichter unterbricht das Spiel und vergibt einen Freistoß als Vorteil für eine Mannschaft, wenn der Gegner sich unsportlich verhalten oder gegen die Regeln verstoßen hat. Er kann auf direkten oder indirekten Freistoß entscheiden. Ein direkter Freistoß wird mit ➔ Pfiff und gestrecktem Arm angezeigt. Er wird vergeben, wenn der Gegner tritt, ein Bein stellt, schlägt, einen Spieler festhält, ein Spieler (außer dem Torwart) den Ball absichtlich mit der Hand berührt oder der Torwart den Ball außerhalb des ➔ Strafraums mit der Hand berührt. Der Schütze kann direkt ein Tor erzielen. Den indirekten Freistoß signalisiert der Schiedsrichter, indem er einen Arm über den Kopf hebt. Ein Tor ist nur gültig, wenn nach der Ausführung des Freistoßes ein anderer Spieler den Ball berührt, bevor er im Tor landet. Ein indirekter Freistoß wird für leichtere Vergehen gegeben, etwa wenn der Torwart einen Rückpass mit den Händen annimmt, ein Spieler einen anderen ohne Ball beim Laufen behindert oder ein ➔ gefährliches Spiel begeht. Auch nach einer Spielunterbrechung wegen einer ➔ Verwarnung oder eines Feldverweises wird das Spiel mit einem indirekten Freistoß für die gegneri-

Fortsetzung auf S. 76

Frauenfußball

Ginge es nach den Erfolgen, müssten die deutschen Fußballfrauen bekannter sein als ihre männlichen Kollegen. Sie sind nicht nur Europameister und Weltmeister, sondern gewannen beim Olympischen Fußballturnier 2004 in Athen auch die Bronzemedaille. Dennoch ist der Frauenfußball weder im Fernsehen noch in anderen Medien so präsent wie der Männerfußball.

Der Weltmeisterschaftspokal der Fußballfrauen, den die deutsche Nationalmannschaft im Jahr 2003 gewonnen hat

So fing alles an
Die Engländer waren nicht nur die Ersten, die Fußballregeln aufstellten, hier entstand auch 1894 das erste Frauenfußball-Team, die British Ladies. Schon bald hatte jede größere Stadt eigene Frauenfußballmannschaften, die mit Hütchen und Röckchen über Kniebundhosen spielten, um den moralischen Anstand zu wahren. Zu Beginn des 20. Jahrhunderts gab es dann Frauenfußballvereine auch in vielen anderen Ländern Europas. In Deutschland war dieser Sport nicht gerne gesehen, er galt als unweiblich und schädlich. Dennoch entstanden auch hier Frauenteams, bis der Frauenfußball nach dem Ersten Weltkrieg verboten wurde.

Der Siegeszug der deutschen Fußballfrauen
Seit etwa 1960 gründeten sich in Deutschland immer mehr Fußballmannschaften mit weiblichen Spielern. Der ➔ DFB versuchte zunächst, den Frauenfußball zu verbieten. Erst als die Spielerinnen mit der Gründung eines eigenen Verbandes drohten, gab der DFB teilweise nach: Der Frauenfußball wurde dem DFB angeschlossen, allerdings dauerten die Spiele nur zweimal 35 Minuten, der Ball war kleiner und leichter, und Fußballschuhe mit ➔ Stollen waren verboten. Diese Einschränkungen hatten aber nicht lange Bestand. Seit 1974 wird eine deutsche

Der Nationalspieler Gerd Müller wirft die Münze zur Seitenwahl vor einem Frauenfußballspiel im Jahr 1970.

CUP

Deutsche Meisterinnen

1994	TSV Siegen
1995	FSV Frankfurt
1996	TSV Siegen
1997	Grün-Weiß Brauweiler
1998	FSV Frankfurt
1999	1. FFC Frankfurt
2000	FCR Duisburg
2001	1. FFC Frankfurt
2002	1. FFC Frankfurt
2003	1. FFC Frankfurt
2004	1. FFC Turbine Potsdam
2005	1. FFC Frankfurt
2006	1. FFC Turbine Potsdam

Meisterschaft ausgespielt, seit 1980/ 81 ein DFB-Pokal und seit 1990/91 spielten die Frauen in einer Bundesliga mit zwei Gruppen. Die Siegermannschaften der Gruppen ermittelten den Deutschen Meister durch ein Endspiel. Eine Bundesliga wie bei den Männern gibt es seit 1997 und seit der Saison 2004/05 auch eine 2. Bundesliga. Besonders erfolgreich ist die 1982 gegründete Nationalmannschaft. Ein wichtiger Unterschied zwischen Spielern und Spielerinnen ist ihr Status: Selbst Bundesliga-Spielerinnen sind vorwiegend Amateure.

Die deutsche Abwehrspielerin Ariane Hingst setzt sich gegen die Niederländerin Jessica Torny durch.

Frauenfußball international
Während sich die Fußballspielerinnen in den nationalen Vereinen und Ligen rascher durchsetzen konnten, dauerte der internationale Durchbruch des Frauenfußballs etwas länger. Als Konkurrenz zur ➔ UEFA wurde 1969 die »Confederation of Independent European Female Football« gegründet, und 1970 fand eine erste inoffizielle Weltmeisterschaft der Fußballfrauen statt. Auf dem 45. FIFA-Kongress (der Männer) forderte dann die Norwegerin Ellen Wille, die Fußballfrauen in die ➔ FIFA aufzunehmen, was schließlich geschah. Inzwischen hat sich der Frauenfußball weltweit etabliert und ist in vielen Ländern anerkannt. Etwa zehn Prozent der in der FIFA organisierten Fußballer sind Frauen, in den USA sind es sogar 40 Prozent. Genau wie im Männer- gibt es auch im Frauenfußball eine Reihe internationaler Wettbewerbe, bei denen die deutschen Frauen äußerst erfolgreich sind. Sie haben mehrfach die Europameisterschaft (1989, 1991, 1995, 1997 und 2001) gewonnen, sind zurzeit sogar Weltmeister und führen die Weltrangliste der Frauenfußball-Nationalmannschaften an. Die Europameisterschaft fand 1984 zum ersten Mal statt, Meister wurden die Schwedinnen. Bei den europäischen Mannschaftswettbewerben (UEFA Women's Cup) siegten 2002 und 2006 mit dem 1. FFC ➔ Frankfurt und 2005 mit dem 1. FFC Turbine ➔ Potsdam bislang dreimal deutsche Teams. Fußballweltmeisterschaften für die Frauen gibt es seit 1991.

Das deutsche Frauenfußball-Nationalteam vor dem Finale der WM 2003, in dem Schweden 2:1 besiegt wurde.

Geschichte des Fußballs

Der Fußball, wie wir ihn heute kennen, wurde nicht an einem Ort und zu einer bestimmten Zeit erfunden. Vielmehr gab es mehrere Vorläufer und eine Reihe verschiedener Fußballspiele, bis am 26. Oktober 1863 in London die »Football Association« gegründet wurde. In ihrem Regelwerk tauchen erstmals Spielregeln auf, von denen einige bis heute gelten und die zur Grundlage des modernen Fußballs wurden.

Titelblatt der Zeitschrift »Die Woche« von 1934

Die Ursprünge des Fußballs

Vermutlich waren es die Chinesen, die zum ersten Mal mit den Füßen nach einem Ball traten. Auch die Ägypter zur Zeit der Pharaonen spielten eine Art Fußball. Aus späterer Zeit sind Vorläufer des Fußballs unter anderem von den Inuit, den Inkas und Azteken sowie den Japanern überliefert. Im europäischen Mittelalter, vor allem in England, wurde auf Dorfplätzen, Straßen, manchmal aber auch vor den Stadttoren gespielt. Aus dieser Variante des Fußballs, die in abgewandelter Form noch heute auf den Orkney-Inseln gespielt wird, entwickelte sich der moderne Fußball.

Fußball wird modern

Bis ins 19. Jahrhundert gab es keine festen Regeln, und wenn eine Studenten- gegen eine Dorfmannschaft spielte, gewann oft das Team mit den größten Schlägern. Das änderte sich erst 1863 mit der Gründung der »Football Association« (FA) in England. Eine der 13 von ihr eingeführten Regeln lautete, dass der Ball nur mit dem Fuß getreten werden darf, außerdem wurden körperliche Fouls verboten, und es gab eine erste Abseitsregel. Seit 1870 besteht die Mannschaft nur noch aus elf Spielern. Nach und nach wurden schließlich die noch heute gültigen Regeln eingeführt.

Gefahr vor dem deutschen Tor bei einem Flankenball. Im Jahr 1909 verliert die deutsche Nationalmannschaft in Oxford ein Länderspiel gegen Englands Amateure mit 0 : 9.

Fußball erobert Deutschland

Als am 15. April 1888 der erste deutsche Fußballverein gegründet wurde (Germania Tempelhof Berlin), gab es in England bereits rund 1000 Fußballvereine. Fußball galt in Deutschland als »englische Krankheit«, das Turnen wurde als besseres Mittel der Körperertüchtigung angesehen. Der Siegeszug des Spiels ließ sich aber nicht mehr aufhalten: 1900 wurde der Deutsche Fußballbund (➔ DFB) gegründet, der 1904 die ➔ FIFA mitbegründete. Seit 1903 spielen deutsche Vereinsmannschaften eine ➔ Deutsche Meisterschaft aus. Und auch die deutsche Nationalmannschaft konnte zahlreiche Erfolge verbuchen.

Fußballschuhe dürfen seit 1904 keine Metalleinlagen mehr haben, Größe und Art der Stollen sind vorgeschrieben und werden vom Schiedsrichter kontrolliert.

stoß bestraft werden. Wird der Gegner tatsächlich getroffen, dann ist es Foulspiel, ein direkter Freistoß wird verhängt.

Glasgow, Celtic: Celtic (gesprochen ßälltik) ist einer der beiden großen Fußballvereine der schottischen Stadt Glasgow. In bis jetzt 91 Spielzeiten hat entweder Celtic (40-mal) oder der Lokalrivale, die ➔ Glasgow Rangers (51-mal), die schottische Meisterschaft gewonnen. Celtic war außerdem schon 33-mal mal schottischer Pokalsieger (die Rangers 31-mal). Andere schottische Vereine können nur ausnahmsweise mal einen Titel erringen. Den Erfolg können die beiden Konkurrenten aber leider nicht gemeinsam genießen: Die Rivalität zwischen den Clubs gilt als eine der erbittertsten weltweit, da traditionell zum Bekenntnis zu einem der beiden Vereine auch politische und weltanschauliche Einstellungen gehören, die die Fans der beiden Clubs zu Feinden machen.
GEGRÜNDET: 1888
STADION: Celtic Park, 60 832 Zuschauerplätze
INTERNET: www.celticfc.net

Glasgow Rangers: Die Rangers aus dem schottischen Glasgow halten mit 51 Meistertiteln den Weltrekord. So oft wie sie wurde noch keine andere Mannschaft der Welt Meister ihres Landes. Die Rangers haben schon früh mit dem Titelsammeln angefangen: Der erste stammt aus dem Jahr 1891. Neben den 50 dann noch folgenden Meistertiteln können die Rangers auch auf 31 Pokalsiege zurückblicken. Außer dem Lokalrivalen ➔ Celtic kam letztendlich kaum ein anderer Verein der schottischen Liga in den Genuss des Meistertitels. Mit Celtic liefern sich die Glasgow Rangers auf dem Spielfeld stets erbitterte Gefechte. Leider führt die uralte Rivalität zwischen den beiden Clubs auch immer wieder zu Gewalt auf den Rängen und in der Stadt Glasgow.
GEGRÜNDET: 1873
STADION: Ibrox Park, 50 411 Zuschauerplätze
INTERNET: www.rangers.co.uk

gleiche Höhe: Ein Spieler der angreifenden Mannschaft und ein oder mehrere Spieler der verteidigenden Mannschaft befinden sich im Moment der Ballabgabe zum angreifenden Spieler im gleichen Abstand zur Tor(aus)linie. Spielposition, die für das ➔ Abseits entscheidend ist.

Gleittackling: Im Englischen bedeutet »to tackle« jemanden angreifen, bekämpfen. Ein Tackling ist der energische Angriff auf einen Gegenspieler, um ihn vom Ball zu trennen. Beim Gleittackling grätscht ein

Spieler von der Seite vor den ballführenden Gegner, das heißt, er gleitet im Fallen mit einem Fuß voraus in den Laufweg des Gegners, um den Ball vom Gegenspieler wegzuschlagen. Die Aktion ist auch aus Sicht des Angreifers nicht ungefährlich: Trifft er zuerst die gegnerischen Beine, dann pfeift der Schiedsrichter Foulspiel. Verfehlt der Angreifer jedoch Ball und Gegenspieler völlig, liegt er selbst am Boden, und der Angegriffene hat freie Bahn.

Goalgetter: englischer Ausdruck für Torschütze.

Die deutsche Nationalspielerin Nia Künzer (rechts) erzielt per Kopf das »Golden Goal« im Endspiel der FIFA WM der Frauen 2003. Die deutsche Frauennationalmannschaft schlägt Schweden mit 2:1 und ist zum ersten Mal Weltmeister.

Golden Goal: Im Endspiel um die Europameisterschaft 1996 standen sich am 30. 6. in London Deutschland und Tschechien gegenüber. Weil die Partie nach 90 Minuten unentschieden 1:1 stand, gab es eine Verlängerung. In der 95. Minute traf Oliver ➔ Bierhoff zum 2:1 für Deutschland. Er erzielte damit das erste »Golden Goal« in der Geschichte des Fußballs. Ein »Golden Goal« beendete ein Fußballspiel in der Verlängerung und entschied das Spiel. Mit Bierhoffs Treffer war daher das Spiel zu Ende und Deutschland Europameister. Das »Golden Goal« wurde von 1996 bis 2003 angewendet und danach vom ➔ »Silver Goal« abgelöst. Mit Wirkung zum 1. 7. 2004 hat die FIFA auch diese Möglichkeit abgeschafft.

grätschen: Nur hauchdünn ist der Unterschied zwischen einem fairen Abgrätschen und einem groben Foul. Dieses oftmals letzte Mittel der Verteidiger wird wegen der häufig daraus resultierenden Verletzungen auch »Blutgrätsche« genannt.

grobes Foul: Ein Spieler begeht ein grobes Foul, wenn er im Kampf um den Ball von vorne, von der Seite oder von hinten mit einem oder beiden Beinen in einen Gegenspieler hineinspringt und durch übertriebene Härte die Gesundheit des Spielers gefährdet. Ein grobes Foul wird mit der ➔ Roten Karte geahndet.

Grundlinie: Linie, die das Spielfeld jeweils an den Torseiten begrenzt. Die Linie gehört zum Spielfeld. Zwischen den Torpfosten wird die Grundlinie zur Torlinie.

H

Hacke: Hinterer Teil des Fußes, mit dem der Hackentrick gelingen kann.

Hackentrick: Als Hackentrick bezeichnet man das Spielen des Balles mit dem Absatz (der »Hacke«). Das Risiko, dass der Ball dabei nicht unbedingt dort landet, wo man ihn eigentlich hinhaben will, ist verhältnismäßig groß, doch die Verwirrung beim Gegner über die unerwartete Aktion ist meist enorm. Wo ein Ballverlust keine unmittelbare Gefahr heraufbeschwört, darf also versucht werden, den Gegner mit einem Hackentrick elegant zu überraschen.

Halbfinale: vorletzte Runde eines im → K.o.-System ausgetragenen Turnier- oder Pokalwettbewerbs, in der die Finalgegner ermittelt werden. Im Halbfinale stehen die vier Siegermannschaften des → Viertelfinales, die in zwei Spielen antreten. Die jeweiligen Gewinner des Halbfinales ziehen in das → Finale ein.

Halbzeit: **1.** halbierte Spielzeit, wobei man zwischen erster und zweiter Halbzeit unterscheidet. Die Dauer einer Halbzeit ist im Seniorenbereich 45 Minuten. Bei Verlängerung (z. B. in Pokalspielen) ist die Spielzeit auf 30 Minuten festgelegt, also je Halbzeit 15 Minuten. Im Juniorenbereich ist die Spieldauer je nach Altersklasse gestaffelt. **2.** Kurzbezeichnung für → Halbzeitpause.

Hallen-Masters

In den 1980er Jahren erlebte der Hallenfußball einen Höhenflug. Auch die Bundesliga-Vereine entdeckten den Hallenfußball als Möglichkeit, den Winter zu überbrücken. Der → DFB entschloss sich, aufgrund der Popularität des Spiels einen Hallen-Masters-Wettbewerb auszutragen. Mit der Verkürzung der Winterpause stellte der DFB das Hallen-Masters ein. Der Hallen-Pokal wurde letztmalig 2001 ausgetragen. Damals gewann die SpVgg Unterhaching.

1988	Bayer 05 Uerdingen
1989	SV Werder Bremen
1990	Borussia Dortmund
1991	Borussia Dortmund
1992	Borussia Dortmund
1993	1. FC Köln
1994	Bayer 04 Leverkusen
1995	Karlsruher SC
1996	TSV 1860 München
1997	1. FC Kaiserslautern
1998	FC Hansa Rostock
1999	Borussia Dortmund
2000	SpVgg Greuther Fürth
2001	SpVgg Unterhaching

Halbzeitpause: Zwischen den beiden Spielzeithälften wird eine Halbzeitpause eingelegt. Sie darf nicht länger als 15 Minuten dauern, beginnt mit dem ➔ Abpfiff der ersten Spielzeithälfte und endet mit dem ➔ Anpfiff der zweiten. Die Spieler gehen in ihre Kabine, nehmen Erfrischungen zu sich und erhalten Hinweise des Trainers zur Spieltaktik. Nach der Halbzeit wechseln die Mannschaften die Spielrichtung. Ist nach der regulären Spielzeit eine ➔ Verlängerung nötig, so gibt es zuvor nochmals eine Pause von fünf Minuten. Zwischen den beiden Halbzeiten der Verlängerung darf keine Pause gemacht werden.

Hallenfußball: Beim Fußball in der Sporthalle ist das Spielfeld wesentlich kleiner als auf dem Platz und von Banden begrenzt. Die Mannschaften spielen mit fünf Spielern (ein Torwart und vier Feldspieler) zweimal zehn oder zweimal zwölf Minuten. Hallenfußball wird seit den 1960er Jahren gespielt. ➔ Hallen-Masters, S. 83.

Hamburger SV: Die bisher erfolgreichsten Jahre des Hamburger Sportvereins liegen zwischen 1978 und 1984 – dreimal wurde der Sportverein in diesen Jahren deutscher Meister. In 36 Spielen hintereinander blieb der HSV vom 16. 1. 1982 bis 29. 1. 1983 ungeschlagen – ein bis heute unangefochtener Rekord in der Bundesliga. Der Hamburger Sportverein ist der einzige Verein, der seit Beginn der Bundesliga in jeder Saison erstklassig gespielt hat, also noch nie abgestiegen ist. Ein berühmter Zögling des HSVs ist Uwe ➔ Seeler, er wurde im Jahr 1960 zum ersten »Fußballer der Jahres« gewählt.
GEGRÜNDET: 29. 9. 1887
STADION: AOL-Arena, 55 000 Zuschauerplätze
INTERNET: www.hsv.de

Hamm, Mariel Margaret (Mia): Die US-Amerikanerin, die in Italien, wo ihr Vater stationiert war, das Fußballspielen gelernt hat, hat den Frauenfußball in den ➔ USA ausgesprochen populär gemacht. Die vielleicht weltbeste Stürmerin machte schon mit 15 Jahren ihr erstes Länderspiel für die USA. Bis zum Ende ihrer Karriere 2004 schoss sie in rund 276 Länderspielen 158 Tore. Mia Hamm engagiert sich seit vielen Jahren für krebskranke Menschen.

Die US-Amerikanerin Mia Hamm schoss 158 Tore in 276 Länderspielen.

GEBOREN: 17. 3. 1972 in Selma, USA
SPIELPOSITION: Angriff
VEREIN: Washington Freedom
GRÖSSTE ERFOLGE: Weltmeister mit den USA (1991, 1999); Goldmedaillengewinnerin mit den USA (Olympische Spiele 1996 und 2004)

Handgeld: Beim Handgeld handelt es sich um einen einmaligen Betrag, den ein Spieler bei einem Vereinswechsel von seinem neuen Verein erhält. Über die Höhe des Betrags wird meist Stillschweigen vereinbart, aber Summen von mehreren Millionen Euro für wichtige und leistungsstarke Spieler gelten als sicher.

Handspiel: Außer dem Torwart ist es keinem Spieler erlaubt, den Ball mit der Hand (oder dem Arm) zu spielen. Passiert das doch, dann spricht man von einem Handspiel. Der Schiedsrichter entscheidet dann auf ➔ Freistoß oder, falls es im Strafraum passiert ist, auf ➔ Strafstoß. Es kann auch eine ➔ Gelbe Karte geben, wenn der Spieler mit dem Handspiel verhindern will, dass der Gegner in Ballbesitz kommt, oder versucht, mit der Hand ein Tor zu erzielen. Ein Spieler bekommt die ➔ Rote Karte, wenn er eine offensichtliche Torchance des Gegners mit der Hand verhindern will.

Wer sprach nach einem Handspiel von der »Hand Gottes«?

Im Viertelfinale der FIFA WM 1986 standen sich in Mexiko-City Argentinien und England gegenüber. In der 50. Minute hob der argentinische Nationalspieler Diego ➔ Maradona den Ball mit der Hand über den herausstürzenden englischen Torhüter zum 1 : 0 ins Netz. Fast alle im Stadion hatten das Handspiel gesehen, nur der Schiedsrichter nicht. Maradona erklärte später, die »Hand Gottes« und sein Kopf hätten den Ball ins Tor gelenkt. Wenige Minuten später erzielte Maradona zwar mit einem genialen Solo das völlig reguläre 2 : 0, aber da England kurz vor Schluss nur noch der Anschlusstreffer gelang, kam Argentinien letztendlich durch diese äußerst unfaire Handlung Maradonas weiter und wurde schließlich auch Weltmeister. Erst im Sommer 2005 räumte Maradona öffentlich ein, dass er ein ➔ absichtliches Handspiel begangen hatte.

Hannover 96: Sportliche Erfolge und Niederlagen – der Hannoversche Sportverein kann mit allem aufwarten, was eine echte Fangemeinschaft zusammenschweißt. Zweimal deutscher Meister, Auf- und Abstiege in die 2. Bundesliga und 1996 der Absturz in die Regionalliga, bevor 2001 mit Trainer Ralf Rangnick wieder der Einstieg in die 1. Bundesliga gelang, wo er bis heute spielt. Nationalspieler Per ➔ Mertesacker wurde in der Jugendabteilung des Vereins ausgebildet.

GEGRÜNDET: 12. 4. 1896
STADION: AWD-Arena, 49 000 Zuschauerplätze
INTERNET: www.hannover96.de

Happel, Ernst: österreichischer Nationalspieler und international bekannter Trainer. Als Abwehrspieler hat Happel für die österreichische Nationalmannschaft gespielt. Als Vereinstrainer war Happel in mehreren europäischen Staaten und für viele verschiedene Clubs äußerst erfolgreich. Als Nationaltrainer der Niederlande wurde er 1978 Vizeweltmeister. In der deutschen Bundesliga trainierte Happel von 1981 bis 1987 den ➔ Hamburger SV.

Geboren: 29. 11. 1925 in Wien, Österreich
Gestorben: 14. 11. 1992
Grösste Erfolge als Spieler: Österreichische Meisterschaft mit SK Rapid Wien (1946, 1948, 1951, 1952, 1954, 1956, 1957); Österreichischer Pokalsieger mit SK Rapid Wien (1946)
Grösste Erfolge als Trainer: Belgischer Meister mit dem FC Brügge (1976, 1977, 1978); Belgischer Pokalsieger mit dem FC Brügge (1977) und Standard Lüttich (1979); Niederländische Meisterschaft mit Feyenoord Rotterdam (1969, 1971); Niederländischer Pokalsieger mit ADO Den Haag (1968) und Feyenoord Rotterdam (1969); Deutscher Meister mit dem Hamburger SV (1982, 1983); Deutscher Pokalsieger mit dem Hamburger SV (1987); Österreichischer Meister mit dem FC Tirol (1989, 1990); Österreichischer Pokalsieger mit dem FC Tirol (1989); Champions-League-Sieger mit Feyenoord Rotterdam (1970) und dem Hamburger SV (1983); Weltpokalsieger mit Feyenoord Rotterdam (1970)

Häßler, Thomas: Erst im Jahr 2005 hat sich der Weltmeister und Europameister als aktiver Spieler aus dem Profi-Fußball verabschiedet. »Icke«, so der Spitzname des Berliners (was nichts weiter als »Ich« heißt), stieg 1983 beim 1. FC ➔ Köln in die Bundesliga ein. Der körperlich kleine, aber wendige und ballsichere Mittelfeldspieler war eine Stütze mehrerer großer europäischer Vereine, konnte aber mit keinem einzigen jemals einen Titel gewinnen. Umso erfolgreicher war er mit der deutschen Nationalmannschaft, mit der er Europa- und Weltmeister wurde.

Nationalspieler Thomas »Icke« Häßler verstand es, durch seine genialen Dribblings Löcher in die gegnerische Abwehr zu reißen.

Wer erzielte den schnellsten Hattrick der deutschen Nationalmannschaft?

Im FIFA WM-Qualifikationsspiel am 20. 8. 1997 in Belfast gegen Nordirland reichten dem erst in der 70. Minute eingewechselten Oliver Bierhoff sechs Minuten für einen lupenreinen ➔ Hattrick. Deutschland gewann die Begegnung mit 3 : 1.

GEBOREN: 30. 5. 1966 in Berlin
SPIELPOSITION: Mittelfeld
VEREINE: 1. FC Köln, Juventus Turin, AS Rom, Karlsruher SC, Borussia Dortmund, 1860 München, SV Salzburg
GRÖSSTE ERFOLGE: Europameister mit Deutschland (1996); Weltmeister mit Deutschland (1990)

Hattrick: Von einem »echten« Hattrick spricht man, wenn ein Spieler innerhalb einer Halbzeit drei Tore in ununterbrochener Folge erzielt. Drei Tore eines Spielers hintereinander in einem ganzen Spiel werden oft ebenfalls als Hattrick bezeichnet.

Heber: auch Lupfer. Hoher Stoß über einen Gegenspieler, am besten natürlich den Torwart, hinweg. Ist der Ball am Boden, wird der Fuß dazu wie ein Keil zwischen Ball und Boden gestoßen, der Fuß bleibt auf dem Boden stehen. Der Ball wird so mit eher geringer Vorwärtsgeschwindigkeit steil nach oben befördert, er fliegt im besten Fall zwar zu hoch für den Torwart, aber nicht sehr weit, so dass er hinter ihm ins Tor fällt.

hechten: Der Torwart springt, um den Ball zu fangen. Sobald der Torwart die Ballrichtung erkennt, macht er ein paar schnelle seitliche Schritte. Dann drückt er sich mit dem ballnahen Fuß ab und versucht, den Ball im Flug mit beiden Händen zu fangen. Wichtig ist, dass er den Ball kräftig umfasst, damit er bei der Landung nicht aus den Händen rutscht und dem Gegner direkt vor die Füße oder im schlimmsten Fall ins eigene Tor fällt.

Heimspiel: Spiel im eigenen Stadion, in dem oftmals die heimischen ➔ Fans für Stimmung sorgen, und den Spielern die Platzverhältnisse vertraut sind. Oft ist das für die Mannschaft ein Vorteil. In der Bundesliga spielt jede Mannschaft gegen jeden Gegner einmal zu Hause und einmal in dessen Stadion, Heim- und Auswärtsspiele wechseln sich ab.

Der ehemalige Bayern-Trainer Ottmar Hitzfeld (im Hintergrund) beobachtet das Training der Spieler.

Geboren: 12. 1. 1949 in Lörrach
Spielposition: Angriff
Vereine (als Spieler): TuS Stetten, FV Lörrach, FC Basel, VfB Stuttgart, FC Lugano, FC Luzern
Grösste Erfolge (als Spieler): Schweizer Meister mit dem FC Basel (1970, 1973); Schweizer Pokalsieger mit dem FC Basel (1975)
Vereine (als Trainer): SC Zug, FC Aarau, Grasshopper-Club Zürich, Borussia Dortmund, FC Bayern München
Grösste Erfolge (als Trainer): Schweizer Meister mit dem Grasshopper-Club Zürich (1991); Schweizer Pokalsieger mit dem FC Aarau (1985) und dem Grasshopper-Club Zürich (1989, 1990); Deutscher Meister mit Borussia Dortmund (1995, 1996) und dem FC Bayern München (1999, 2000, 2001, 2003); Deutscher Pokalsieger mit dem FC Bayern München (2000, 2003); Champions-League-Sieger mit Borussia Dortmund (1997) und dem FC Bayern München (2001); Weltpokalsieger mit dem FC Bayern München (2001)

Hoeneß, Ulrich (Uli): Der schnelle Stürmer und Mittelfeldspieler erlangte traurige fußballerische Berühmtheit, als er 1976 gegen die Tschechoslowakei im Elfmeterschießen versagte, so dass es für die deutsche Nationalmannschaft nur zur Vize-Europameisterschaft reichte. Aber Uli Hoeneß konnte als Fußballer im Verein und der Nationalmannschaft auch viele beeindruckende Erfolge feiern. Heute ist er Manager des FC Bayern ➔ München.
Geboren: 5. 1. 1952 in Ulm
Spielposition: Angriff, Mittelfeld
Vereine: FC Bayern München, 1. FC Nürnberg

Uli Hoeneß spielte schon im Alter von 20 Jahren für die deutsche Nationalmannschaft.

Der »Hunderter-Club« 2005

Zum Hunderter-Club Deutschlands gehören nach den Regeln der → FIFA folgende Spieler:

Lothar Matthäus	BRD	150
Jürgen Klinsmann	BRD	108
Jürgen Kohler	BRD	105
Franz Beckenbauer	BRD	103
Thomas Häßler	BRD	101
Ulf Kirsten	DDR/BRD	100

Grösste Erfolge: Deutscher Meister mit dem FC Bayern München (1972, 1973, 1974); Deutscher Pokalsieger mit dem FC Bayern München (1971); Champions-League-Sieger mit dem FC Bayern München (1974, 1975, 1976); Weltpokal-Sieger mit dem FC Bayern München (1976); Europameister mit Deutschland (1972); Weltmeister mit Deutschland (1974)

Holland → Niederlande.

Hooligans: Hooligan war der Name einer irischen Familie, deren trunksüchtige Söhne Ende des 19. Jahrhunderts Londons Bürger terrorisierten. Gewalttätige »Fans« in England, aber auch im übrigen Europa bezeichnet man danach als Hooligans. Sie nutzen den Fußball, um in den Stadien, den Stadtzentren, in Zügen oder auf Autobahnraststätten zu randalieren, indem sie gegenüber völlig unbeteiligten Menschen gewalttätig werden und schwere Zerstörungen anrichten. Ausschreitungen deutscher Hooligans führten bei der FIFA WM 1998 zu lebensgefährlichen Verletzungen eines französischen Polizisten. Und 1985 verursachten Liverpooler Hooligans im Heysel-Stadion von Brüssel eine Panik, die 39 Menschen das Leben kostete.

Hunderter-Club: So nennt man die Gemeinschaft der Nationalspieler, die über hundert Einsätze in der Nationalmannschaft haben.

Gewalttätige Fans werden auch als Hooligans bezeichnet.

I

In-die-Zange-nehmen: einen Gegenspieler zu zweit von zwei Seiten bedrängen, um ihm den Ball abzunehmen

indirekter Freistoß ➔ Freistoß.

Innenverteidiger: Abwehrspieler, der seine Position im Verteidigungsdrittel vor dem ➔ Strafraum nahe der Spielfeldmitte bezieht. Je nachdem, ob er sich vom eigenen Torwart gesehen mehr rechts oder links hält, wird er als rechter oder linker Innenverteidiger bezeichnet.

Interimstrainer: Trainer, der nach der Entlassung eines anderen Trainers vorübergehend das Training und die Wettkampfbetreuung einer Mannschaft übernimmt, bis ein Nachfolger gefunden ist.

Istanbul, Galatasaray: Der Galatasaray Spor Kulübü 1905 war der erste Fußballverein, der in der Türkei gegründet wurde und ist ein Spitzenverein in der türkischen Liga. Seit 1962 wurde der Verein 16-mal türkischer Meister und 14-mal Pokalsieger. Im Jahr 2000 hat der Verein den UEFA-Pokal gewonnen.

GEGRÜNDET: 20. 10. 1905
STADION: Atatürk-Stadion, 80 597 Zuschauerplätze
INTERNET: www.galatasaray.org.tr

Italien, Nationalmannschaft: Die italienische »Squadra Azzurra«, so der von den blauen Nationaltrikots abgeleitete Spitzname, ist eine der erfolgreichsten Nationalmannschaften der Welt. Das Team hat bisher viermal den Weltmeisterschaftstitel geholt. Außerdem gewann Italien einmal die Europameisterschaft. Der italienische Fußballverband Federazione Italiana Giuoco Calcio (FIGC) wurde am 16. 3. 1898 in Turin gegründet und ist eines der drei Gründungsmitglieder der ➔ UEFA und schon seit 1905 Mitglied der ➔ FIFA.

Die italienische Nationalmannschaft feiert im Jahr 2006 zum vierten Mal den Weltmeistertitel.

J

Der russische Torhüter Lew Jaschin wird von vielen Fußballexperten als der beste Torhüter aller Zeiten bezeichnet.

Jaschin, Lew Iwanowitsch: Der portugiesische Ausnahmestürmer → Eusebio war der Meinung, Jaschin sei »der beste Torhüter aller Zeiten und Völker«. 1963 wurde er als bisher erster und einziger Torwart Europas Fußballer des Jahres und ist heute Welttorhüter des (20.) Jahrhunderts. Der reaktionsschnelle und sprungstarke Jaschin zeigte eine neue, mitspielende Art des Torwartspiels. Wie ein → Ausputzer stand er hinter seiner Abwehrreihe und leitete mit zielgenauen Bällen Angriffe seiner Mannschaft ein. Er ließ in der Nationalmannschaft der Sowjetunion in 78 Spielen nur 70 Tore zu. Seit 1994 erhält der jeweils beste Torwart eines FIFA-WM-Turniers einen nach Jaschin benannten Preis.
GEBOREN: 22. 10. 1929 in Bogorodskoje, UdSSR
GESTORBEN: 20. 3. 1990
SPIELPOSITION: Torhüter
GRÖSSTE ERFOLGE: Sowjetischer Meister mit Dynamo Moskau (sechsmal); Sowjetischer Pokalsieger mit Dynamo Moskau (zweimal); Olympiasieger mit der UdSSR (1965); Europameister mit der UdSSR (1960)

Jena, FC Carl Zeiss: Der ehemalige dreifache DDR-Meister marschierte von der Oberliga (Saison 2003/04) über die Regionalliga Nord (2004/05) direkt in die 2. Bundesliga (Aufstieg 2005/06). Der Durchmarsch gelang mit Trainer Heiko Weber, der selbst in der Zeit von 1988 bis 1998 für Carl Zeiss Jena spielte und vor seiner Aufgabe als Profitrainer die Jugend des Vereins schulte.
GEGRÜNDET: 13. 5. 1903
STADION: Ernst-Abbe-Sportfeld, 12 000 Zuschauerplätze
INTERNET: www.fc-carlzeiss-jena.de

Joker: Einwechselspieler, der in der Lage ist, kurzfristig Tore zu erzielen und das Spiel noch zu drehen. Tore, die von eingewechselten Spielern erzielt wurden, nennt man Jokertore.

Jugendfußball ➔ S. 95.

Junioren-Bundesliga: Höchste Spielklasse im Nachwuchsfußball, in der Jugendliche bis zu einem Alter von 19 Jahren spielen. Seit der Saison 2003/04 ist die Junioren-Bundesliga in drei Gruppen aufgeteilt: Nord/Nordost, West und Süd/Südwest. In jeder Staffel spielen 14 Mannschaften. Aus jede Gruppe steigen pro ➔ Saison drei Vereine ab und werden von drei Aufsteigern ersetzt.

Junioren-Europameisterschaft: Der heutige UEFA-U21-Wettbewerb ersetzte 1976 den U23-Wettbewerb und erhielt 1986 den Status einer Europameisterschaft. An dem europäischem Wettbewerb, der alle zwei Jahre stattfindet, können die U21-Nationalmannschaften der Mitgliederverbände der ➔ UEFA teilnehmen. Jedes Land sendet die Auswahl seiner besten Spieler. Für Deutschland stellt der ➔ DFB den ➔ Kader der ➔ A-Auswahl zusammen.

Die U21-Nationalmannschaft der Niederlande feiert den Sieg bei der Europameisterschaft 2006.

CUP

Die Sieger der UEFA-U21-Europameisterschaft seit 1992

1992	Italien
1994	Italien
1996	Italien
1998	Spanien
2000	Italien
2002	Tschechische Republik
2004	Italien
2006	Niederlande

Szene aus einem A-Juniorenspiel VfB Stuttgart gegen VfL Bochum um die Deutsche Meisterschaft der A-Jugend

Junioren-Nationalmannschaft: Es gibt in Deutschland für verschiedene Altersklassen jeweils eine Junioren-Fußballnationalmannschaft, bei den Jungen beginnend mit der U15-Mannschaft bis zur U21-Mannschaft. Bei den Mädchen gibt es die U17-, U19- und U21-Mannschaft. Auch hier werden in Vierjahresabständen Europa- und Weltmeisterschaften veranstaltet.

Die deutsche U16-Fußballnationalmannschaft im Jahre 2003

Auch für die Kleinsten gibt es schon Wettbewerbe: Im Bild Finn Bussmann beim 15. Super-Fohlen-Cup des FC Burgsolms.

Jugendfußball

Für die Kinder und Jugendlichen, die in einem dem ➔ DFB angeschlossenen Verein spielen, gelten genauso strenge Regeln wie für erwachsene Fußballspieler. Sie werden je nach ihrem Alter in Gruppen eingeteilt und spielen in Meisterschaften und Pokalspielen gegeneinander. Gute Spieler der Jungendmannschaften können in die Jugend-Nationalmannschaften berufen werden.

Jugend-Alterseinteilung

A-Jugend	16 – 18 Jahre
B-Jugend	14 – 16 Jahre
C-Jugend	12 – 14 Jahre
D-Jugend	10 – 12 Jahre
E-Jugend	8 – 10 Jahre
F-Jugend	6 – 8 Jahre
G-Jugend	4 – 6 Jahre

Vom Minikicker in die Nationalmannschaft

Fußballbegeisterte Jungen und Mädchen – sie heißen beim DFB »Junioren« und »Juniorinnen« – können bereits mit vier Jahren in eine Mannschaft eintreten und als »Minikicker« in den G-Jugend/Junioren-Mannschaften mitspielen. Mit zunehmendem Alter steigen sie über die F- bis schließlich zur A-Jugend auf. Für Jugendmannschaften gelten besondere Regeln, die Spielplätze sind je nach Alter etwas kleiner, und die Spiele dauern nicht zweimal 45 Minuten (A-Jugend und Erwachsenenfußball), sondern von zweimal 20 (G-Jugend) bis zweimal 40 Minuten (B-Jugend). Die Spieler der A-Jugend spielen in Regionalligen, in einem DFB-Junioren-Vereinspokal, und die besten Vereine steigen seit 2003/04 in eine dreigliedrige Bundesliga aus 42 Mannschaften auf. Sie ermitteln unter sich den Deutschen Meister. Die besten Spieler der Jugendmannschaften werden gezielt vom DFB gefördert und können in die Nationalmannschaft berufen werden.

Internationale Wettbewerbe

Im Jugendfußball gibt es keine internationalen Vereinsmeisterschaften, aber Europa- und Weltmeisterschaften. Die Nationalmannschaften werden mit »U« und dem höchsten erlaubten Alter bezeichnet. Spieler und Spielerinnen aus der B-Jugend werden z.B. in den U15- und U16-Nationalmannschaften zusammengefasst. Jährlich finden eine U16- und eine U19-, dazu alle zwei Jahre eine U21-Europameisterschaft statt. Um die Weltmeisterschaft spielen alle zwei Jahre die U17- und U20-Mannschaften.

Jugendliche in aller Welt lieben Fußball, so wie diese drei, die im afrikanischen Kongo leben.

K

K.o.-System: Spielrunde, bei der der Verlierer aus dem Wettbewerb ausscheidet. K.o. kommt aus dem Englischen und steht für »knock out«, niederschlagen, ausschalten. Dieses System wird bei Pokalspielen angewendet und deshalb auch Pokalmodus genannt.

Kader: vom französischem »cadre« (= Rahmen) abgeleitet, bezeichnete der Begriff ursprünglich den »Stammbestand einer (militärischen) Truppe«. Je nach Auffassung zählen die Vereine nur die unter ➔ Vertrag stehenden Spieler zum Kader oder zusätzlich auch die Trainer, Ärzte und Physiotherapeuten. Bei ➔ Auswahlmannschaften umfasst der Kader die Gruppe aller Spieler, die berufen worden sind und aus deren Reihen dann am Spieltag die tatsächliche Mannschaft aufgestellt wird.

Kahn, Oliver: Der Torhüter steht seit 1994 für den FC Bayern ➔ München zwischen den Pfosten. Der »Titan«, wie er wegen seiner hervorragenden Leistungen während der FIFA WM 2002 genannt wurde, hat so viele Auszeichnungen wie kein anderer deutscher ➔ Keeper. Kritik wegen seines gelegentlich aggressiven Verhaltens gegenüber gegnerischen Stürmern oder den eigenen Vorderleuten beantwortet der extrem ehrgeizige Torhüter mit konstant guten Leistungen. Neue Sympathien eroberte sich Oliver Kahn mit seiner Reaktion auf die Tatsache, dass Jens ➔ Lehmann ihn bei der WM 2006 als Stammtorwart ersetzte. Kahn brachte sich bei der WM vor allem als Stütze für die jungen Spieler, ein, und bewies vorbildlichen Teamgeist, als er vor dem erfolgreichen Elfmeterschießen im Viertelfinale gegen Argentinien Lehmann demonstrativ anfeuerte. Nach seinem Einsatz im Spiel um Platz drei erklärte er seinen Rücktritt als Nationalspieler.

Torhüter Oliver Kahn begann seine Profikarriere in Karlsruhe. Herausragende Leistungen im Verein und im Nationaldress brachten ihm den Spitznamen »Titan« ein.

Geboren: 15. 6. 1969 in Karlsruhe
Spielposition: Torhüter
Verein: FC Bayern München (seit 1994)
Grösste Erfolge (alle mit dem FC Bayern München): Deutscher Meister (1997, 1999, 2000, 2001, 2003, 2005, 2006); Deutscher Pokalsieger (1998, 2000, 2003, 2005, 2006); UEFA-Cup-Sieger (1996); Champions-League-Sieger (2001); Weltpokalsieger (2001); Europameister mit Deutschland (1996), Vizeweltmeister mit Deutschland (2002)

Kaiserslautern, FC: Als Gründungsmitglied der Bundesliga kann der Verein auf sehr große Erfahrung in der Königsklasse zurückblicken. Seit 1963 spielen »die Roten Teufel« fast ununterbrochen in der 1. Liga und sind dort für ihre Heimstärke berühmt. In der Saison 1996/97 musste der FCK in der 2. Liga kicken, holte sich aber im Jahr 1998 als erste Mannschaft überhaupt nach dem Aufstieg direkt den – insgesamt vierten – deutschen Meistertitel. Kaiserslautern ist außerdem zweifacher DFB-Pokalsieger. Das nach FCK-Legende und Nationalspieler Fritz ➔ Walter benannte Stadion ist immer noch unter seinem früheren Namen Betzenberg-Stadion bekannt. Zur Saison 2006/07 ist der FCK in die 2. Bundesliga abgestiegen.
GEGRÜNDET: 2. 6. 1900
STADION: Fritz-Walter-Stadion, 46 615 Zuschauerplätze
INTERNET: www.fck.de

Kaltz, Manfred: Der Weltklasseverteidiger spielte von 1971 bis 1991 für den ➔ Hamburger SV und kam dabei auf 581 Einsätze (Rang zwei in der Rekordliste). Den Spitznamen »Bananen-Manni« brachte ihm die häufige Anwendung der ➔ Bananenflanke ein, für die er als absoluter Spezialist galt.
GEBOREN: 6. 1. 1953 in Ludwigshafen
SPIELPOSITION: Verteidigung
VEREIN: Hamburger SV
GRÖSSTE ERFOLGE (ALLE MIT DEM HAMBURGER SV): Deutscher Meister (1979, 1982, 1983); Deutscher Pokalsieger (1976, 1987); Europapokal der Pokalsieger (1977); Champions-League-Sieger (1983); Europameister mit Deutschland (1980)

Kantersieg: ungewöhnlich hoher Sieg bei einem sportlichen Wettkampf. Der Begriff kommt eigentlich aus dem Pferdesport und geht auf das englische Wort »canter« zurück, was so viel wie »kurzer, leichter Galopp« bedeutet. In diesem Sinne ist ein Kantersieg ein Sieg, der mühelos, ohne große Anstrengung erreicht wurde.

Kapitän: auch Spielführer oder Mannschaftsführer genannt. Er ist durch eine Armbinde besonders gekennzeichnet. Auf dem Spielfeld trägt er die Verantwortung für seine Mannschaft und ist bei strittigen Situationen Ansprechpartner für den ➔ Schiedsrichter.

Manfred »Manni« Kaltz im Nationaltrikot, das er insgesamt 69-mal trug.

Karlsruher SC: Im Jahr 1963 gehörte der Verein aus Baden zu den Gründungsmitgliedern der Bundesliga, der Abstieg erfolgte nach der Saison 1967/68. Sieben Jahre später kehrt der Verein jedoch in die 1. Bundesliga zurück. Zwei Abstiege musste man noch überstehen, dann begann die bislang erfolgreichste Zeit des Sport-Clubs, der es bis ins UEFA-Cup-Halbfinale schaffte. Nach einem erneuten Abstieg bis in die Regionalliga hat sich der Verein inzwischen in der 2. Bundesliga etabliert.
GEGRÜNDET: 16. 10. 1952 (Vorgängerverein 1. 11. 1894)
STADION: Wildparkstadion, 33 550 Zuschauerplätze
INTERNET: www.ksc.de

Keeper: »Wächter«, aus dem Englischen übersetzt, der Torwart.

Kick and rush: Der Ausdruck kommt aus dem Englischen und heißt in etwa so viel wie »schießen und stürmen«. Er ist eine Beschreibung der angeblich »typisch britischen« Spielweise, die zwar äußerst kraftvoll, aber wenig ausgefeilt wirkt: Die Bälle werden weit nach vorne geschossen, die Spieler stürmen hinterher.

Kicker: abgeleitet aus dem Englischen »kick« (Fußtritt, Stoß). Ein Kicker ist ein Fußballspieler.

Kick-off: der englische Begriff für Anstoß.

Was führte 1995 zur Sperre von Dynamo Kiew in der Champions League?

Nicht ohne Grund werden die Schiedsrichter auch als »die Unparteiischen« auf dem Platz bezeichnet. Was aber geschieht, wenn ein Verein versucht, den Schiedsrichter vor dem Spiel für sich zu gewinnen oder regelrecht zu bestechen? Er wird disqualifiziert. So geschah es auch 1995, als Dynamo ➔ Kiew dem Schiedsrichter vor einer Champions-League-Begegnung einen kostbaren Nerzmantel verehrte.

Kiew, Dynamo: national und international sehr erfolgreicher Verein, der in der ukrainischen Hauptstadt Kiew ansässig ist. In der ehemaligen Sowjetunion gelegen, war Kiew in den Jahren von 1961 bis 1990 13-mal Meister und neunmal Pokalsieger der UdSSR und damit Rekordhalter. Auch nach dem Ende der UdSSR ging es für Dynamo Kiew erfolgreich weiter. Elfmal ist der Verein seit 1993 ukrainischer Meister und siebenmal Pokalsieger geworden.
GEGRÜNDET: 1. 11. 1927
STADION: Valeriya Lobanovskovo, 82 893 Zuschauerplätze
INTERNET: www.fcdynamokiev.ua

Kirsten, Ulf: Erfolgreicher deutscher Nationalspieler, der von 1983 bis 1990 bei Dynamo ➔ Dresden in der Oberliga der DDR spielte und 1990 zu Bayer ➔ Leverkusen in die Bundesliga wechselte. Kirsten spielte insgesamt 100-mal in einer deutschen Nationalmannschaft, davon 49-mal für die DDR und nach der Wiedervereinigung 51-mal für Deutschland.

Geboren: 4. 12. 1965 in Riesa

Spielposition: Angriff

Vereine: Dynamo Dresden, Bayer Leverkusen

Grösste Erfolge: DDR-Meister mit Dynamo Dresden (1989, 1990); DDR-Pokalsieger mit Dynamo Dresden (1984, 1985, 1990); Pokalsieger mit Bayer Leverkusen (1993)

Der frühere Nationalstürmer Ulf Kirsten war immer ein Vorbild an Kampfkraft und Einsatz.

klären: unter Kontrolle nehmen eines Balles aus dem Angriff des Gegners. Man spricht davon, dass ein Spieler eine Spielsituation »klärt«, wenn er einen torgefährlichen Angriff abwehrt und den Ball aus der Gefahrenzone bringt. Auch der Torwart »klärt«, wenn er einen Torschuss sicher abfängt.

Klassenerhalt: das Verbleiben einer Mannschaft in der derzeitigen Spielklasse. Eine Mannschaft, die nicht absteigt, hat den Klassenerhalt geschafft.

Kleinfeldfußball: Spiele auf einem kleineren Spielfeld, hauptsächlich für Kinder. Im Kleinfeldfußball gelten vereinfachte Regeln. So ist beispielsweise das ➔ Abseits bis zu den E-Junioren aufgehoben. Es gibt auch nur direkte Freistöße, und ein Strafstoß wird aus nur acht Metern ausgeführt.

Klinsmann, Jürgen: erfolgreicher deutscher Fußballspieler und von 2004 bis 2006 Teamchef der Nationalmannschaft. Klinsmann führte die deutsche Elf bei der WM 2006 in Deutschland auf den dritten Platz und trat nach dem Turnier von seinem Posten als Bundestrainer zurück. Sein Nachfolger ist sein Assistent Joachim ➔ Löw. Als Stürmer bestritt »Klinsi« insgesamt 108 Länderspiele, schoss 47 Tore und half mit, den WM-Titel im Jahr 1990 zu holen. Jürgen Klinsmann spielte bei bedeutenden Vereinen in vier verschiedenen Ländern, hat sich überall problemlos eingelebt und mit hervorragenden Leistungen überzeugt. Als Teamchef der Nationalmannschaft wurde er

Als Kapitän der deutschen Nationalmannschaft übernahm Jürgen Klinsmann die Verantwortung auf dem Platz.

Kopfball: auch Kopfstoß. Weiterbefördern des Balles mit dem Kopf. Auf das Tor sollte der Ball möglichst flach geköpft werden, um es dem Torwart so schwer wie möglich zu machen. Dazu muss der Spieler häufig hochspringen, damit er den Ball von oben treffen und mit der Stirn herunterdrücken kann.

Köpke, Andreas: deutscher Torwart, Trainer und Fußball-Manager. Köpke war in seiner aktiven Zeit nicht nur in Deutschland einer der anerkannt Besten zwischen den Pfosten, 1996 wurde er zum Welttorhüter des Jahres gewählt. Seit Oktober 2004 ist der ehemalige Keeper Torwarttrainer der deutschen Nationalmannschaft und hatte als solcher bei der WM 2006 Anteil am Erfolg der deutschen Mannschaft.

Andreas Köpke war im Duell Mann gegen Mann oftmals der erfolgreichere Spieler.

Kopfballtraining

Ein richtiger Flugkopfball ist etwas für absolute Könner im Fußball, doch wer das erlernen möchte, kann mit einfachen Übungen beginnen. Dazu braucht man einen Plastikball oder einen Super-Light-Ball und ein Tor von etwa fünf Meter Breite. Drei Spieler üben gemeinsam: ein Torwart, ein Stürmer direkt vor dem Tor und ein Spieler, der seitlich neben dem Tor steht. Der Spieler wirft nun den Ball dem Stürmer zu, und dieser versucht, ihn mit der Stirn in das Tor zu köpfen. Nach fünf Minuten werden die Positionen getauscht.

GEBOREN: 12. 3. 1962 in Kiel
SPIELPOSITION: Torhüter
VEREINE: Holstein Kiel, SC Charlottenburg, Hertha BSC Berlin, Eintracht Frankfurt Olympique Marseille, 1. FC Nürnberg
GRÖSSTE ERFOLGE: Europameister mit Deutschland (1996); Weltmeister mit Deutschland (1990)

Krankl, Johann (Hans): Der torgefährliche österreichische Stürmer wurde in seinem Heimatland neunmal zum Fußballer des Jahres gewählt. Aber auch in der ers-

Der Österreicher Johann Krankl (links) sorgte mit seinem Siegtreffer zum 3:2 bei der FIFA WM 1978 für das Ausscheiden der deutschen Elf.

ten spanischen Liga, wo er einmal Torschützenkönig war, spielte er sehr erfolgreich. Für die österreichische Nationalmannschaft schoss »Hans« Krankl in 69 Länderspielen 37 Tore.
Geboren: 14. 2. 1953 in Wien, Österreich
Spielposition: Angriff
Vereine: Wiener SC, SK Rapid Wien, FC Barcelona, First Vienna, SV Austria Salzburg
Größte Erfolge: Österreichischer Meister mit SK Rapid Wien (1982, 1983); Österreichischer Pokalsieger mit SK Rapid Wien (1976, 1983, 1984, 1985); Europapokal der Pokalsieger mit dem FC Barcelona (1979)

Kuranyi, Kevin: Der in Brasilien geborene Topstürmer kam über die Vereine Serrano FC und Sporting Panama 1997 zum VfB → Stuttgart. Zur Saison 2005/06 wechselte er zum FC → Schalke 04. Für die deutsche Nationalmannschaft stürmte er in 35 Länderspielen und erzielte 14 Tore.
Geboren: 2. 3. 1982 in Rio de Janeiro, Brasilien
Spielposition: Angriff
Verein: FC Schalke 04 (seit 2005)

kurze Ecke: kurzer Pass bei einem → Eckstoß zu einem Mitspieler. Mit dieser Variante kann ein überraschendes Angriffsmanöver aufgebaut werden, da der Gegner meistens mit einer hohen → Flanke rechnet.

kurzes Toreck: Raum im Tor neben dem Torpfosten, der bei einem Torschuss näher zum Ball ist. Die weiter entfernt liegende Torecke ist das → lange Toreck.

Kurzpass: Zuspiel über eine kurze Distanz.

Kevin Kuranyi stürmt seit 2005 für Schalke 04.

L

Auf der linken Abwehrseite ist Philipp Lahm bei der deutschen Nationalmannschaft gesetzt.

Philipp Lahm: Eifrig, lauf- und zweikampfstark präsentierte sich der Außenverteidiger, der 1995 zur Jugend des FC Bayern München kam, bei der WM 2006. Er lieferte als Stammspieler in der DFB-Elf eine überragende Leistung ab und schoss im Eröffnungsspiel gegen Costa Rica in der sechsten Minute das erste Tor des gesamten Turniers. Nach der Partie gegen Polen wurde Lahm zum »Mann des Spiels« gewählt.
GEBOREN: 11. 11. 1983 in München
SPIELPOSITION: Abwehr
VEREIN: FC Bayern München (seit 2001), 2003 bis 2005 ausgeliehen an den VfB Stuttgart
GRÖSSTE ERFOLGE: Deutscher Meister mit dem FC Bayern München (2006), DFB-Pokalsieger mit dem FC Bayern München (2006)

Länderspiel: jedes Spiel der ➔ Nationalmannschaft gegen die Auswahl eines anderen Landes, entweder in einem internationalem Wettbewerb oder bei einem Freundschafts- oder Vorbereitungsspiel.

Landesmeister: der Verein, der in seinem Land Sieger der landesweiten Meisterschaft geworden ist, also jeweils der Meister der höchsten Liga. Als Wettbewerb dieser Sieger untereinander wurde seit 1956 jedes Jahr der Europapokal der Landesmeister ausgetragen, die heutige ➔ Champions League.

lange Torecke: Raum neben dem Torpfosten, der bei einem Torschuss weiter entfernt ist als das ➔ kurze Toreck.

Latte: Zusammen mit den Pfosten bildet die quer gelegte Stange das Tor. Die Querlatte ist 7,32 Meter lang und mit der Unterkante 2,44 Meter vom Boden entfernt. Die sehr willkürlich wirkenden Maße entspringen den englischen Maßeinheiten »foot« und »yard«, denn in England wurde bestimmt, dass ein Tor acht yard (7,32 m) breit und acht foot (2,44 m) hoch sein muss.

Lehmann, Jens: Der erfahrene Keeper gilt derzeit als einer der besten »spielenden« Torhüter. Das heißt, er klebt nie auf der Linie, sondern hat eine exzellente Strafraumbeherrschung und Spielübersicht. So kann er gefährliche Situationen oftmals

Nationaltorhüter Jens Lehmann hechtet im Elfmeterschießen des Viertelfinales der WM 2006 gegen Argentinien nach dem Ball.

bereits entschärfen, bevor der Gegner zum Schuss kommt, und seine genauen Pässe und Abschläge eröffnen der eigenen Mannschaft oft gute Möglichkeiten. Der Ausnahmetorhüter parierte bei der WM 2006 in Deutschland gegen → Argentinien zwei Elfmeter und sicherte der deutschen Nationalelf damit den Einzug in das → Halbfinale.
GEBOREN: 10. 11. 1969 in Essen
POSITION: Torhüter
VEREIN: FC Arsenal London (seit 2003)
GRÖSSTE ERFOLGE: Deutscher Meister mit Borussia Dortmund (2002), Englischer Meister mit dem FC Arsenal London (2004), UEFA-Cup-Sieger mit dem FC Schalke 04 (1997), Vizeweltmeister mit Deutschland (2002)

Leverkusen, Bayer: Der Verein wurde als Betriebssportverein des Chemie-Unternehmens Bayer gegründet. Seit 1979 spielt Bayer Leverkusen ununterbrochen in der ersten Bundesliga. Viermal wurden die Schwarz-roten Vizemeister. 1988 holte sich der Verein den UEFA-Pokal und stand im Endspiel der Champions League. 1993 wurde Bayer Leverkusen DFB-Pokalsieger.
GEGRÜNDET: 15. 6. 1904
STADION: BayArena, 22 500 Zuschauerplätze
INTERNET: www.bayer04.de

Libero: Libero bedeutet so viel wie »freier Mann«. Diese taktische Position wird so bezeichnet, weil der Spieler, der sie ausfüllt, keinen direkten Gegenspieler hat. Seine Aufgabe ist es, die Abwehr zu organisieren und gefährliche Situationen zu entschärfen. Im Gegensatz zum → Ausputzer, der stets nur in der Abwehr bleibt, beteiligt sich der Libero auch immer wieder an Spielaufbau und -gestaltung. Heute wird meist mit einer → Viererkette ohne Libero gespielt.

Liga-Pokal → DFB-Pokal.

Ligaverband: Der Ligaverband vergibt in den Profiklassen 1. und 2. Bundesliga die → Lizenzen an Spieler und Vereine. Er wurde im Jahr 2000 gegründet, untersteht dem → DFB und kümmert sich um alle organisatorischen Angelegenheiten im Profifußball.

Linie: Abgrenzung des Spielfeldes. Die Linien dürfen höchstens 12 cm breit sein und gehören zu den Räumen, die sie umschließen. Letzteres ist besonders wichtig, denn es bedeutet, dass die jeweilige Linie stets noch Teil des Feldes ist: Auf der ➔ Seitenlinie oder ➔ Torauslinie ist noch nicht aus, die Strafraumlinien gehören zum ➔ Strafraum. Die ➔ Torlinie gehört noch zum Feld, nicht zum Torraum.

Linienrichter: Bis 1996 hieß der ➔ Schiedsrichterassistent Linienrichter.

Linksaußen: In ➔ Aufstellungen mit drei Stürmern ist der Linksaußen der Stürmer auf der (vom eigenen Tor aus gesehen) linken Seite.

Lissabon, Benfica: »Sport Lisboa e benfica« nennt sich der Verein in Portugal. Erstmals Meister wurde der portugiesische Fußballverein in der Saison 2004/05. Fünfmal war Benfica Lissabon Vizemeister und zweimal Sieger der Champions League. Im Jahr 1983 holte der Verein den UEFA-Pokal. Einer der berühmtesten Spieler des Vereins ist ➔ Eusébio.
GEGRÜNDET: 28. 2. 1904
STADION: Estadio da Luz, 65 000 Zuschauerplätze
INTERNET: www.slbenfica.pt

Liverpool, FC: Seit 1962 spielt der FC Liverpool, einer der bedeutendsten Fußballvereine in England und weltweit, ununterbrochen in der höchsten englischen Spielklasse. Mit 18 nationalen Meistertiteln ist Liverpool englischer Rekordmeister. In den 1970er und 1980er Jahren gewann der Verein viermal die Champions League und zweimal den UEFA-Pokal. Durch ➔ Hooligans und Massenpanik hervorgerufene Katastrophen mit vielen Toten in Stadien, in denen Spiele des FC Liverpool stattfinden sollten, beendeten die Glanzzeit des Vereins. Nach auch sportlich schwierigen Jahren wurde der FC Liverpool jedoch 2005 wieder Champions-League-Sieger.
GEGRÜNDET: 15. 5. 1892
STADION: Anfield Road, 45 500 Zuschauerplätze
INTERNET: www.liverpoolfc.tv

Lizenz: Zulassung zu den Profiklassen der 1. und 2. Bundesliga. Die Lizenz wird Vereinen und Spielern vom ➔ DFB erteilt.

Lizenzspieler: Profispieler mit einem ➔ Vertrag bei einem Verein, der eine ➔ Lizenz in der 1. oder 2. Bundesliga hat und durch einen Lizenzvertrag mit dem Ligaverband zum Spiel zugelassen ist.

London, Arsenal: Seit 1931 sind die »Gunners« (englisch für »Kanoniere«, ein »Arsenal« ist ein Waffenlager) 13-mal englischer Meister geworden. Im Jahr 1961 gelang dem Verein das Double. Arsenal

London ist der UEFA-Cup-Sieger von 1970 und gewann 1994 den Pokal der Pokalsieger. Der Verein hat seit 2006 ein neues Stadion, das 60 000 Zuschauern Platz gibt.
GEGRÜNDET: 1. 10. 1886
STADION: Emirates Stadion, 60 000 Zuschauerplätze
INTERNET: www.arsenal.com

London, Chelsea: »The Blues« (»die Blauen«) gehören zu den Spitzenmannschaften der ersten englischen Fußball-Liga. 1971 und 1998 holte sich der Verein den Pokal der Pokalsieger und in der Saison 2004/05 gewann Chelsea London die englische Meisterschaft.
GEGRÜNDET: 1. 9. 1905
STADION: Stamford Bridge, 42 522 Zuschauerplätze
INTERNET: www.chelseafc.co.uk

Löw, Joachim (Jogi): Der deutsche Fußballer startete nach einer unauffälligen Spieler-Laufbahn eine erfolgreiche Karriere als Trainer. Für die WM 2006 unterstützte er ➔ Bundestrainer Jürgen ➔ Klinsmann als enger Berater und Co-Trainer der deutschen Nationalmannschaft, die den dritten Platz erreichte. Nach dem Ende der WM 2006 trat Klinsmann zurück, und Löw wurde selbst Bundestrainer.
GEBOREN: 3. 2. 1960 in Schönau
SPIELPOSITION: Mittelfeld
VEREINE (ALS SPIELER): SC Freiburg, VfB Stuttgart, Eintracht Frankfurt, Karlsruher SC, FC Schaffhausen, FC Winterthur, FC Frauenfeld
VEREINE (ALS TRAINER): FC Winterthur, FC Frauenfeld, VfB Stuttgart, Fenerbahce Istanbul, Karlsruher SC, Adanaspor, FC Tirol Innsbruck, Austria Wien
GRÖSSTE ERFOLGE (ALS TRAINER): Österreichischer Meister mit dem FC Tirol Innsbruck (2002); Deutscher Pokalsieger mit dem VfB Stuttgart (1997)

Lyon, Olympique: Beeindruckende fünf Meistertitel hintereinander sicherte sich der französische Fußballclub, der offiziell Olympique Lyonnaise heißt, seit dem Jahr 2002 und dominiert damit die französische Spitzenliga deutlich. Dazu kommen für den Verein noch drei französische Pokaltitel aus den 1960er und 1970er Jahren. In den internationalen Vereinswettbewerben wurden schon Viertel- und Halbfinals erreicht, ein internationaler Titel fehlt Lyon aber noch.
GEGRÜNDET: 3. 8. 1950
STADION: Stade Gerland, 44 000 Zuschauerplätze
INTERNET: www.olweb.fr

Joachim Löw feierte seine größten Erfolge als Trainer mit dem VfB Stuttgart und dem FC Tirol Innsbruck.

auch in der Erstligasaison 2006/07 Jürgen Klopp.
Gegründet: 16. 3. 1905
Stadion: Stadion am Bruchweg, 20 300 Zuschauerplätze
Internet: www.mainz05.de

Makaay, Rudolphus (Roy): Trotz ausgefeilter Technik und überragendem Spielverständnis hat der Stürmer das Pech, in der Nationalmannschaft der ➔ Niederlande mit seinen herausragenden Fähigkeiten nicht allein zu sein. Wegen der vielen Weltklassestürmer im »Oranje«-Team kam Makaay bei der WM 2006 als Nationalspieler nicht zum Einsatz.
Geboren: 9. 3. 1975 in Wijchen, Niederlande
Spielposition: Angriff
Vereine: FC Bayern München (seit 2003)
Grösste Erfolge: Deutscher Meister mit dem FC Bayern München (2005, 2006); Deutscher Pokalsieger mit dem FC Bayern München (2005, 2006)

Der Niederländer Roy Makaay kam 2003 zum FC Bayern München und besticht durch seine Kaltschnäuzigkeit und hohe Chancenverwertung.

Manager: Ein Manager ist meist Geschäftsführer eines Vereins und kümmert sich um die Belange der Mannschaft und die Organisation des Vereins. Er führt die Verhandlungen mit den Spielern und regelt die Finanzen. In England wird oft auch der Trainer als Manager bezeichnet.

Manchester United: »ManU« (ausgesprochen »Mänju«), wie einer der bekanntesten Fußballvereine der Welt meist nur genannt wird, stellt eines der traditions- und erfolgreichsten Teams der britischen Insel. 15-mal holte sich der Verein bisher die Meisterschaft und elfmal den englischen Pokal. Dazu kommen zwei Champions-League-Siege, ein Weltpokal und ein Sieg im Europapokal der Pokalsieger. Im Jahr 1999 verwandelte Manchester das Double aus Meisterschaft und Pokalsieg mit dem zusätzlichen Gewinn der Champions League in das noch seltenere »Triple«. Manchester United hat in seiner langen Geschichte viele Stars hervorgebracht, darunter solche Ausnahmespieler wie Bobby ➔ Charlton und David ➔ Beckham.
Gegründet: 1. 1. 1878
Stadion: Old Trafford Stadium, 68 000 Zuschauerplätze
Internet: www.manutd.com

Manndeckung: Abwehrsystem, bei dem jeder Spieler einen direkten Gegenspieler

hat, für den er verantwortlich ist und den er decken muss. Ein anderes System ist die ➔ Raumdeckung.

Mannschaft: Gemeinschaft der Spieler, die bei einem Verein unter ➔ Vertrag stehen. Zur Mannschaft gehören auch die ➔ Auswechselspieler.

Mannschaftsaufstellung: Spielpositionen der Spieler in der Startelf. Siehe auch ➔ Aufstellung.

Mannschaftskapitän ➔ Spielführer.

Maradona, Diego Armando: Der durch Mafiakontakte, Drogenprobleme und Dopingsperren stets sehr umstrittene argentinische Mittelfeldspieler war ein echtes Fußballgenie, das bereits im Alter von 15 Jahren seine Erstliga- und mit 17 seine Nationalmannschaftskarriere begann. Der stets etwas pummelig wirkende Argentinier konnte am Ball praktisch alles, war ein einfallsreicher und sicherer Mittelfeldregisseur und schoss gefährliche Freistöße. Durch sein menschlich fragwürdiges Verhalten auf und neben dem Platz halten ihn jedoch viele bei aller Bewunderung für sein Können nicht für einen großen Sportler.
Geboren: 30. 10. 1960 in Buenos Aires, Argentinien
Spielposition: Mittelfeld
Vereine: Argentinos Juniors, Boca Juniors, FC Barcelona, SSC Neapel, FC Sevilla, Newells Old Boys
Größte Erfolge: Italienischer Meister mit SSC Neapel (1987, 1990); Italienischer Pokalsieger mit SSC Neapel (1987); UEFA-Pokal-Sieger mit SSC Neapel (1988); Weltmeister mit Argentinien (1986)

Der Argentnier Diego Maradona im Endspiel der FIFA WM 1990, verfolgt von Rudi Völler und Lothar Matthäus.

Das Tor des Jahrhunderts

Bei der WM 1986 in Mexiko schoss der Argentinier Diego Armando ➔ Maradona im Viertelfinale Argentinien gegen England nach einem fast 60 Meter langen Alleingang, in dem er die halbe englische Mannschaft wie Slalomstangen stehen ließ, das 2 : 0. Der Treffer wurde von der ➔ FIFA zum Tor des (20.) Jahrhunderts gekürt. Allerdings erzielte Maradona das 1 : 0 in derselben Partie mit einem vom Schiedsrichter nicht geahndeten ➔ absichtlichen Handspiel. Hinterher behauptete er, es sei »die Hand Gottes« gewesen.

Marseille, Olympique: Der französische Erstligaclub wurde bereits zehnmal französischer Meister und ebenso oft Pokalsieger, aber international kann die Mannschaft trotz ihres langen Bestehens außer einem Champions-League-Sieg keinen Titel vorweisen. Der Verein musste sich mehrmals für unterschiedlich lange Zeit mit der 2. Liga begnügen. Inzwischen spielt Olympique Marseille wieder in der höchsten französischen Spielklasse. Viele international bekannte Spieler waren oder sind in den Diensten des französischen Clubs, unter anderen Andreas ➔ Köpke, Rudi ➔ Völler, George ➔ Weah und Zinédine ➔ Zidane. Franz ➔ Beckenbauer war zwei Jahre sportlicher und technischer Direktor bei Marseille.

DROIT AU BUT

GEGRÜNDET: 1. 1. 1897

STADION: Stade Vélodrome, 60 000 Zuschauerplätze

INTERNET: www.om.net

Matthäus, Lothar: Der fränkische Mittelfeldspieler schlug mit großer Sicherheit weite Pässe und zeigte immer vorbildliche Einsatzbereitschaft. Neben Erfolgen mit großen Vereinsmannschaften sorgte seine langjährige Zuverlässigkeit auch für eine fast beispiellose Länderspielkarriere: Er nahm an fünf Weltmeisterschaften teil, bestritt 150 Länderspiele und ist heute ➔ Ehrenspielführer der deutschen Nationalmannschaft. Nach mehreren anderen Trainerstationen hat er seit Mai 2006 einen Trainervertrag bei dem österreichischen Verein Red Bull Salzburg, wo er mit Giovanni ➔ Trapattoni als Sportchef arbeiten wird.

Lothar Matthäus ist mit 150 Länderspielen Rekordnationalspieler der deutschen Fußballnationalmannschaft.

GEBOREN: 21. 3. 1961 in Erlangen

SPIELPOSITION: Mittelfeld

VEREINE: Borussia Mönchengladbach, FC Bayern München, Inter Mailand, New York Metro Stars

GRÖSSTE ERFOLGE: Deutscher Meister mit dem FC Bayern München (1985, 1986, 1987, 1994, 1997, 1999); Deutscher Pokalsieger mit dem FC Bayern München (1986, 1998); Italienischer Meister mit Inter Mailand (1989); UEFA-Cup-Sieger mit Inter Mailand (1991) und dem FC Bayern München (1996); Weltmeister mit Deutschland (1990); Europameister mit Deutschland (1980)

Mauer: Bei ➔ Freistößen in der Nähe des Tores bildet die verteidigende Mannschaft eine dichte Reihe von bis zu sechs Spielern, die man Mauer nennt. Sie wird nach

den Anweisungen des Torhüters ausgerichtet, um einen Teil des Tores zu schützen. Die Mauer muss mindestens 9,15 Meter vom Ball entfernt sein.

mauern: Eine Mannschaft verstärkt die ➔ Abwehr extrem, verteidigt also mit fast allen Spielern nur noch, um ein Gegentor auf jeden Fall zu verhindern. Oft »mauert« eine Mannschaft, wenn sie kurz vor Spielende in Führung liegt, um das Ergebnis zu halten.

meckern: schimpfen gegenüber dem Schiedsrichter, das je nach Heftigkeit mit der ➔ Gelben oder ➔ Roten Karte bestraft wird.

Meisterschaft: Wettbewerb, in dem nach vorher festgelegten Regeln ein Sieger – der Meister – ermittelt wird. Jede Bundesligasaison ist ebenso eine Meisterschaft, wie große internationale Turniere.

Meisterschale: Die Wandertrophäe des ➔ DFB, die der deutsche Meister für ein Jahr behalten darf, besteht aus Silber und ist mit Edelsteinen besetzt. Auf ihr sind alle deutschen Meister – beginnend mit dem VfB Leipzig im Jahr 1903 – eingraviert. 1981 wurde der Platz für die Gravuren zu eng, so dass ein Silberring mit Platz

für weitere Eintragungen unter der Schale angebracht wurde. Die kostbare »Salatschüssel«, wie die Meisterschale im Volksmund genannt wird, wiegt elf Kilogramm und hat einen Durchmesser von 59 Zentimetern. Der DFB schätzt den heutigen Materialwert der Schale auf 25 000 Euro.

Mertesacker, Per: Der 1,96 m große Innenverteidiger entwickelte sich innerhalb weniger Monate bei Hannover 96 zum Stammspieler und Abwehrchef in der 1. Bundesliga. Er gilt als zweikampfstark und außerordentlich fair. In 74 Bundesligaspielen sah er nur zwei Gelbe Karten. Nach nur wenigen Einsätzen in der 1. Bundesliga nominierte ihn Jürgen ➔ Klinsmann bereits für die deutsche Nationalelf. Der junge Spieler bestritt bei der WM 2006 alle Spiele der deutschen Mannschaft. Auch in diesem Turnier kam er ohne Gelbe Karte aus. Seit August 2006 verstärkt er die Abwehr des SV Werder ➔ Bremen.

Nationalspieler Per Mertesacker gilt als der fairste Abwehrspieler der Bundesliga.

Geboren: 29. 9. 1984 in Hannover
Spielposition: Abwehr
Verein: SV Werder Bremen

Christoph Metzelder (rechts) setzt sich im Laufduell gegen den schwedischen Stürmer Zlatan Ibrahimovic durch.

Metzelder, Christoph: Bereits als Spieler von Preußen Münster für die U18-Nationalmannschaft nominiert, wurde der Innenverteidiger bald von Borussia Dortmund verpflichtet, wo er neben seiner Vereinskarriere als Nationalspieler durchstartete. Er spielte als Verteidiger bei den WM-Endrunden-Turnieren 2006 und 2002. Beim Turnier in Japan und Südkorea wurde er als bester Spieler unter 23 Jahren ausgezeichnet.
GEBOREN: 5. 11. 1980 in Haltern am See
SPIELPOSITION: Abwehr
VEREIN: Borussia Dortmund (seit 2000)
GRÖSSTE ERFOLGE: Deutscher Meister mit Borussia Dortmund (2002), Vizeweltmeister mit Deutschland (2002)

Mittelfeldspieler: Die Aufgabe der Mittelfeldspieler ist es, eine Verbindung zwischen → Abwehr und → Angriff herzustellen. Weil sie hinten in der Abwehr aushelfen und vorn Angriffe einleiten sollen, müssen Mittelfeldspieler viel laufen und deshalb konditionsstark sein.

Mittelkreis: Kreis mit einem Radius von 9,15 Metern, der um den → Mittelpunkt gezogen wird.

Mittellinie: Die Mittellinie teilt das Spielfeld in zwei gleich große Hälften.

Mittelpunkt: Der Mittelpunkt kennzeichnet die Mitte des Spielfeldes. Der → Anstoß wird vom Mittelpunkt aus ausgeführt.

Mittelstürmer: in einer → Aufstellung mit drei Angriffsspitzen der mittlere Stürmer.

Mohr, Heidi: Die nicht mehr aktive deutsche Fußballspielerin war in den Jahren 1991 bis 1995 Torschützenkönigin der Frauen-Bundesliga. Ehe sie im Juni 2005 von Birgit → Prinz abgelöst wurde, war sie mit 83 Toren Rekordtorschützin der deutschen Frauennationalmannschaft. Heidi Mohr ist Europas Fußballerin des (20.) Jahrhunderts und belegte bei der Wahl zur Weltfußballerin des Jahrhunderts Platz drei hinter Mariel »Mia« → Hamm und Michelle → Akers.
GEBOREN: 29. 5. 1967

Die besten »10er« der Bundesliga

Oft tragen die besten und einflussreichsten offensiven → Mittelfeldspieler und → Spielmacher das Trikot mit der → Rückennummer 10. Mittelfeldspieler müssen über Ballsicherheit verfügen, gute Pässe schlagen können und Ideen haben, um das Spiel zu entwickeln. Es gibt defensive Mittelfeldspieler und offensive wie den → Spielmacher, der die Bälle verteilt, den Spielrhythmus bestimmt und das Spiel gestaltet. Zu den besten offensiven Mittelfeldspielern der Bundesliga gehörten Günter → Netzer, Wolfgang Overath und Lothar → Matthäus.

SPIELPOSITION: Angriff
VEREINE: TuS Ahrbach, TuS Niederkirchen, 1. FFC Frankfurt
GRÖSSTE ERFOLGE: Europameisterin mit Deutschland (1989)

Heidi Mohr im Zweikampf mit der Japanerin Maki Haneta bei den Olympischen Sommerspielen in den USA 1996

Mönchengladbach, Borussia VfL 1900 e. V.: Der Verein vom Niederrhein mit dem neulateinischen Wort für »Preußen« im Namen beherrschte in den 1970er Jahren zusammen mit dem FC Bayern → München die 1. Bundesliga. In dieser Zeit gewann die Borussia alle ihre fünf bisherigen Meistertitel und auch ihre beiden UEFA-Pokale sowie einen DFB-Pokal (von insgesamt dreien). Nach zwei Spielzeiten in der 2. Bundesliga zwischen 1999 und 2001 spielt Mönchengladbach heute wieder in der höchsten Spielklasse. Viele Große des deutschen Fußballs haben für die Borussia gespielt, z. B. Oliver → Bierhoff, Sebastian → Deisler, Giovane → Elber, Günter → Netzer, Lothar → Matthäus und Berti → Vogts.
GEGRÜNDET: 1. 8. 1900
STADION: Borussia-Park, 53 466 Zuschauerplätze
INTERNET: www.borussia.de

Müller, Gerhard (Gerd): Niemals hat es in Deutschland einen erfolgreicheren Stürmer gegeben als den → »Bomber der Nation«. Siebenmal wurde Gerd Müller Bundesliga-Torschützenkönig, davon fünfmal mit 30 oder mehr Toren. Er schoss

Gerd Müller ist der erfolgreichste Torjäger der Bundesligageschichte. Er erzielte in 427 Spielen 365 Tore.

365 Tore in der Bundesliga und 68 Tore in 62 Länderspielen. Gerd Müller hielt auch den Rekord als WM-Torschütze mit 14 Treffern. Der Brasilianer ➔ Ronaldo erzielte aber bei der WM 2006 seinen insgesamt 15. Treffer und löste damit den »Bomber« als Rekordtorschütze ab. Heute ist Gerd Müller Jugendtrainer beim FC Bayern ➔ München.
Geboren: 3. 11. 1945 in Nördlingen
Spielposition: Angriff
Vereine: FC Bayern München, Fort Lauderdale Strikers
Grösste Erfolge (alle mit dem FC Bayern München): Deutscher Meister (1969, 1972, 1973, 1974); Deutscher Pokalsieger (1966, 1967, 1969, 1971); Pokal der Pokalsieger (1967); Champions-League-Sieger (1974, 1975, 1976); Weltpokalsieger (1976); Europameister mit Deutschland (1972); Weltmeister mit Deutschland (1974)

München, FC Bayern: In den 1970er Jahren, in denen der Rekordmeister aus der bayerischen Landeshauptstadt zusammen mit Borussia ➔ Mönchengladbach die Bundesliga souverän beherrschte, wurden auch die größten internationalen Erfolge erzielt. Insgesamt wurde der Verein, der heute von ehemaligen Weltklassespielern wie Franz ➔ Beckenbauer, Uli ➔ Hoeneß und Karl-Heinz ➔ Rummenigge geführt wird, 20-mal deutscher Meister, 13-mal Pokalsieger – davon sechs Double –, einmal UEFA-Pokal-Sieger, einmal Europapokalsieger der Pokalsieger, viermal Champions-League-Sieger und zweimal Weltpokalsieger. Im Kader des FC Bayern München standen oder stehen Spieler wie Klaus ➔ Augenthaler, Michael ➔ Ballack, Franz ➔ Beckenbauer, Paul ➔ Breitner, Giovane ➔ Elber, Uli ➔ Hoeneß, Oliver ➔ Kahn, Sepp ➔ Maier, Lothar ➔ Matthäus, Gerd ➔ Müller, Karl-Heinz ➔ Rummenigge und Mehmet ➔ Scholl.
Gegründet: 27. 2. 1900
Stadion: Allianz Arena, 69 000 Zuschauerplätze
Internet: www.fcbayern.de

München, TSV 1860: Der Münchner Traditionsverein, »die Löwen«, wurde bisher je einmal DFB-Pokalsieger und deutscher Meister, aber ein internationaler Titel konnte bislang nicht errungen werden. Der TSV war zwar Gründungsmitglied der Bundesliga im Jahr 1963, ist aber bis heute schon mehrmals aus der höchsten Spielklasse ab- und wieder in sie aufgestiegen. Zurzeit spielt der Verein in der 2. Bundesliga.
Gegründet: 25. 4. 1899 (Fußballabteilung)
Stadion: Allianz Arena, 69 000 Zuschauerplätze
Internet: www.tsv1860.de

Der Rekordmeister FC Bayern München freut sich zum 20. Mal über die Meisterschale im Jahr 2006.

N

Ergebnisse lesen

An einer ausführlichen Ergebnisangabe kann man den Spielverlauf nachvollziehen. Als Beispiel dient hier ein erfundenes Länderspiel zwischen Italien und Frankreich.

- Zur Halbzeit stand es in diesem Spiel 0 : 1, d. h. Frankreich hatte ein Tor erzielt und führte.
- Nach 90 Minuten stand es 2 : 2 unentschieden, daher wurde das Spiel verlängert.
- In der Verlängerung fiel für jede Mannschaft ein weiteres Tor, daher war das Ergebnis nach der Verlängerung (abgekürzt: n. V.) 3 : 3. Da die Begegnung immer noch nicht entschieden war, gab es ein Elfmeterschießen.
- Im Elfmeterschießen (abgekürzt i. E.) traf Italien fünfmal, Frankreich viermal.
- Alles in allem hatte Italien acht Tore geschossen und Frankreich sieben.

Auf der Anzeige liest sich das Ergebnis dann wie folgt:

Italien Frankreich 3 : 3 (2 : 2, 0 : 1) n. V., 5 : 4 i. E.

nach Verlängerung: Begriff, um ein Ergebnis auszudrücken, das in einem Spiel mit ➔ Verlängerung erzielt wurde. Fällt also nach einem 0 : 0 nach 90 Minuten ein Tor in der Verlängerung, lautet das Ergebnis korrekt: »1 : 0 nach Verlängerung«.

nachrücken: Spieler schließen zu ihren Mannschaftskollegen auf. Ziehen beispielsweise die ➔ Offensivspieler schnell nach vorne, muss das Mittelfeld nachrücken, damit der Angriff effektiv bleibt.

nachschlagen: attackieren des Gegners nach einem Gerangel.

Nachspielzeit: Spielzeit, die der ➔ Schiedsrichter an beide eigentlich 45 Minuten dauernden ➔ Halbzeiten dranhängen kann. Die durch Unterbrechungen oder ➔ Spielverzögerungen verloren gegangenen Minuten der regulären Spielzeit sollen so nachgeholt werden. Auf diese Weise soll sich z. B. eine in Führung liegende Mannschaft nicht durch das Herbeiführen von Situationen, in denen nicht gespielt wird, einen Vorteil verschaffen können.

Nationalmannschaft: Auswahl der besten Fußballer eines Landes, die für internatio-

Juniorenspieler führen die deutsche Nationalmannschaft bei der WM 2006 vor dem Viertelfinalspiel gegen Argentinien auf den Platz.

nale Spiele ihres Landes im → Kader stehen. In den meisten Ländern wählt der nationale Fußballverband den Trainer aus, der dann den Kader aus den Spielern der Vereine im Land auswählt. Die → Nationalspieler müssen die Nationalität des Landes haben, für das sie spielen.

Nationalspieler: Spieler, der für sein Land internationale Spiele bestreitet.

Nedved, Pavel: Der tschechische Mittelfeldspieler ist laufstark und ballsicher, mit großer Übersicht, einem harten Schuss und Zielgenauigkeit bei Freistößen ausgestattet. Als einer von Europas besten Mittelfeldregisseuren ist Nedved der → Führungsspieler der tschechischen Nationalmannschaft. Im Jahr 2003 gewann Pavel Nedved die Wahl zu Europas Fußballer des Jahres.
GEBOREN: 30. 8. 1972 in Cheb, Tschechien
SPIELPOSITION: Mittelfeld
VEREINE: Juventus Turin (seit 2002)

Der tschechische Mittelfeldregisseur Pavel Nedved erhält 2003 den »Goldenen Ball« für die Auszeichnung »Europas Fußballer des Jahres«.

GRÖSSTE ERFOLGE: Tschechoslowakischer bzw. Tschechischer Meister mit Sparta Prag (1993, 1994, 1995); Tschechischer Pokalsieger mit Sparta Prag (1996); Italienischer Meister mit Lazio Rom (2000, 2002) und Juventus Turin (2003, 2005); Italienischer Pokalsieger mit Lazio Rom (1998, 2000); Pokal der Pokalsieger mit Lazio Rom (1999)

Neid, Silvia: Die in ihrer aktiven Zeit überaus erfolgreiche Vereins- und Nationalspielerin hat einen großen Anteil daran, dass der Frauenfußball in Deutschland einen enormen Aufschwung genommen hat. Nachdem sie bereits lange Zeit Assistentin der ehemaligen Bundestrainerin Tina → Theune-Meyer war, hat Silvia Neid nach deren Rücktritt im Juli 2005 dieses Amt übernommen.

Silvia Neid ist seit Juli 2005 Trainerin der Frauenfußballnationalmannschaft.

GEBOREN: 2. 5. 1964 in Walldürn
SPIELPOSITION: Mittelfeld
VEREINE: SV Schlierstadt, SC Klinge Seckach, SSG 09 Bergisch Gladbach, TSV Siegen
GRÖSSTE ERFOLGE: Deutsche Meisterin mit der SSG 09 Bergisch Gladbach (1984) und dem TSV Siegen (1987, 1990, 1991, 1992, 1994, 1996); Deutsche Pokalsiegerin mit der SSG 09 Bergisch Gladbach (1984) und dem TSV Siegen (1986, 1987, 1988, 1989, 1993); Europameisterin mit Deutschland (1989, 1991, 1995)

Netzer, Günter: Der Mittelfeldspieler und ➔ Spielmacher war einer der Fußballer, denen der deutsche Fußball seine Glanzzeit in den 1970er Jahren verdankt. Für seine Vereinsmannschaften war Netzer ebenso wichtig wie für das erfolgreiche deutsche Nationalteam der Europameisterschaft von 1972. Von 1978 bis 1986 war Netzer ➔ Manager des in dieser Zeit sehr erfolgreichen ➔ Hamburger SV. Seit einigen Jahren arbeitet er als Fernseh-Kommentator bei Länderspielen.
GEBOREN: 14. 9. 1944 in Mönchengladbach
SPIELPOSITION: Mittelfeld
VEREINE: Borussia Mönchengladbach, Real Madrid
GRÖSSTE ERFOLGE: Deutscher Meister mit Borussia Mönchengladbach (1970, 1971); Deutscher Pokalsieger mit Borussia Mönchengladbach (1973); Spanischer Meister mit Real Madrid (1975, 1976); Spanischer Pokalsieger mit Real Madrid (1974, 1975); Europameister mit Deutschland (1972); Weltmeister mit Deutschland (1974)

Der Mönchengladbacher Günter Netzer war der vielleicht genialste deutsche Mittelfeldregisseur aller Zeiten.

neutraler Platz: Spielstätte, die von keiner der beiden Mannschaften als Heimstadion genutzt wird. Ein neutraler Platz wird immer gewählt, um den ➔ Heimvorteil auszuschalten. Entweder soll damit eine Mannschaft bestraft werden (z. B. wegen Ausschreitungen im eigenen Stadion) oder man will bei einem K.o.-Modus ohne ➔ Hin- und ➔ Rückspiel erreichen, dass für keine Mannschaft ein Vorteil entsteht.

Oliver Neuville jubelt über seinen Siegtreffer im Gruppenspiel der WM 2006 gegen Polen.

Neuville, Oliver: Der in der Schweiz aufgewachsene Stürmer ist längst eine feste Größe in der 1. Bundesliga und seit dem Jahr 1998 auch in der deutschen Nationalmannschaft. Mit dem richtigen Torriecher und vielseitigen Fähigkeiten im Angriff stand er bereits im Dienste mehrerer Schweizer und deutscher Spitzenvereine,

P

Packung: Verliert eine Mannschaft ein Spiel haushoch, sagt man, sie hat eine Packung bekommen.

Paderborn, SC 07: Der Verein ist 1985 aus dem Zusammenschluss zweier Paderborner Fußballvereine hervorgegangen, von denen einer, der TUS Schloß Neuhaus, im Jahr 1982 bereits einmal in die 2. Bundesliga aufgestiegen war. Im Jahr 2004 erreichte der SC Paderborn das Achtelfinale des → DFB-Pokals. Es stellte sich jedoch später heraus, dass der Sieg gegen den → Hamburger SV, der auf dem Weg dorthin errungen wurde, im Rahmen eines Wettbetrugs vom Schiedsrichter durch absichtliche Fehlentscheidungen herbeigeführt worden war. In der Saison 2004/05 stieg der SC Paderborn 07 in die 2. Bundesliga auf.
GEGRÜNDET: 20. 5. 1985
STADION: Hermann-Löns-Stadion, 10 222 Zuschauerplätze
INTERNET: www.scpaderborn07.de

Paris Saint-Germain Football-Club: Dem erst im Jahr 1970 aus einem damaligen französischen Zweitligaverein hervorgegangenen Club, der meist kurz PSG genannt wird, gelang sofort nach seiner Gründung der Aufstieg in die höchste französische Spielklasse. Nach Wiederabstieg und einer kurzen Zeit in der zweiten Liga spielt der Verein seit 1974 ununterbrochen in der obersten Spielklasse Frankreichs. PSG wurde bislang zweimal französischer Meister und fünfmal Pokalsieger. George → Weah ist einer der bekanntesten Spieler, die schon bei PSG gespielt haben.
GEGRÜNDET: 12. 8. 1970
STADION: Parc des Princes, 49 000 Zuschauerplätze
INTERNET: www.psg.fr

Parma, FC: Dieser italienischer Fußballverein ist im Jahr 2004 aus dem in Konkurs gegangenen Verein AC Parma hervorgegangen. Der spielte lange Zeit in der zweiten oder dritten italienischen Spielklasse und stieg Ende der 1960er Jahre sogar in die darunter liegenden Amateurligen ab. Erst 1990 erreichte der Verein zum ersten Mal die höchste italienische Liga, in der er seitdem ununterbrochen spielt und dabei in jeder Saison bis 2004 einen der europäischen Wettbewerbe erreicht hat. Davon hat Parma einmal den Europapokal der Pokalsieger und zweimal den → UEFA-Pokal gewonnen. In Italien gelangen dem Verein eine Vizemeisterschaft und drei Pokalsiege.
GEGRÜNDET: 27. 7. 1913 (AC Parma)
STADION: Stadio Comunale Ennio Tardini, 29 050 Zuschauerplätze
INTERNET: www.fcparma.com

Pass → S. 123.

Pässe schlagen

Als Pass bezeichnet man ein direktes Zuspiel auf einen Spieler der eigenen Mannschaft. Im Angriff wird das Passspiel mit anderen Aktionen kombiniert, wie dem Freilaufen eines Mitspielers oder dem ➔ Doppelpass. Die einzelnen Formen des Passes werden je nach Höhe (hohe, mittelhohe und flache Pässe) und Richtung des Balles unterschieden.

Auf kurze Entfernungen wird meist ein Pass mit der Innenseite des Fußes gespielt.

Abwehr- und Mittelfeldspieler führen häufig einen ➔ Steilpass aus. Dabei wird der Ball mit dem Vollspann gezielt weit nach vorn geschlagen und von einem günstig stehenden Mitspieler angenommen. Ein hoch gespielter Steilpass kann über die Köpfe der gegnerischen Spieler fliegen. Greifen zwei Mittelfeldspieler oder Stürmer gleichzeitig an, können sie ihren Gegner mit einem Doppelpass ausmanövrieren: Spieler A spielt einen kurzen Pass zu Spieler B und sprintet sofort am Verteidiger vorbei, Spieler B passt nach vorn, wo Spieler A den Ball wieder annimmt. Doppelpässe erfordern gutes Ball- und Zeitgefühl und intensive Übung. Mit einem kurz und flach gespielten ➔ Querpass spielt ein Stürmer einen Mitspieler an, der in besserer Schussposition steht. Wird der Pass vom Spielfeldrand in die Mitte gespielt, bezeichnet man ihn als ➔ Flanke. Besonders schwer ist der Diagonalpass zu spielen, bei dem der Ball weit, hoch und gezielt zu einem Mitspieler auf der anderen Spielfeldseite geschlagen wird. Solche »spielverlagernden« Pässe werden von guten Mittelfeldspielern mit großer Übersicht gespielt. Der absichtliche Rückpass zum Torhüter durch den eigenen Abwehrspieler kann zum Regelverstoß werden. Der Torwart darf den Ball nur wie ein Feldspieler mit dem Fuß berühren. Nimmt er ihn in die Hand, bekommt die angreifende Mannschaft einen indirekten ➔ Freistoß zugesprochen.

passives Abseits: häufig umstrittener Punkt der Fußballregeln. Ein Spieler im passiven ➔ Abseits erfüllt zwar alle Kriterien für eine Abseitsposition, greift aber nicht ins Spielgeschehen ein. Seit dem Confederations Cup 2005 wurde diese »Passivität« genauer definiert: Ein Spieler ist nicht mehr passiv, wenn er den Ball berührt, den Gegner daran hindert, den Ball zu spielen, oder wenn er einen Vorteil aus seiner Abseitsstellung zieht, indem der Ball vom Pfosten, der Querlatte oder einem anderen Spieler zu ihm prallt. Der Schiedsrichter entscheidet nur auf Abseits, wenn der Spieler tatsächlich in Ballbesitz kommt.

Mehr als 1000 Tore

Nur vier Spielern von internationalem Niveau gelang es im Laufe ihrer Karriere, mehr als 1000 Pflichtspieltore zu schießen: Der erste war der Brasilianer Artur Friedenreich, der mit seinen 1329 Toren bis heute den Rekord hält, gefolgt von ➔ Pelé, der am Ende seiner Laufbahn 1281 Tore geschossen hatte. Auf Platz drei dieser Rangliste der Superlative steht der Oberschlesier Ernst Willimowski, der seine 1175 Tore anfangs als Pole, später als Deutscher erzielte, vor dem Österreicher Franz Binder mit 1006 Toren.

Pelé: Edson Arantes do Nascimento, wie der brasilianische Stürmer und Mittelfeldspieler Pelé eigentlich heißt, ist der vielleicht beste und sicher populärste Fußballer aller Zeiten. Mit 15 begann er seine Profi-Laufbahn, und mit 17 spielte er für Brasilien seine erste WM und verhalf seinem Team zum Titel, damit ist er der jüngste Weltmeister aller Zeiten. Pelé ist auch der einzige Spieler, der dreimal Weltmeister wurde. Von 1994 bis 1998 war Pelé Sportminister in Brasilien. 1999 wählte die ➔ FIFA Pelé zum Fußballer des (20.) Jahrhunderts. Heute ist er Sonderbotschafter der UNESCO.

Er gilt als größter Fußballer aller Zeiten: Edson Arantes do Nascimento, genannt Pelé.

Geboren: 23. 10. 1940 in Três Corações, Brasilien
Spielposition: Mittelfeld, Angriff
Vereine: FC Santos, Cosmos New York
Grösste Erfolge: Brasilianischer Meister mit dem FC Santos (1956, 1958, 1960, 1961, 1962, 1964, 1965, 1967, 1968, 1969, 1973); Brasilianischer Pokalsieger mit dem FC Santos (1961, 1962, 1963, 1964, 1965, 1968); Südamerikameister mit dem FC Santos (1961, 1962); Weltpokalsieger mit dem FC Santos (1962, 1963); US-amerikanischer Meister mit Cosmos New York (1977); Weltmeister mit Brasilien (1958, 1962, 1970)

Pfiff: Signal des Schiedsrichters. Der Schiedsrichter pfeift, um (meist zusammen mit einer Geste) einen Regelverstoß anzuzeigen, einen ➔ Freistoß freizugeben oder den Spielanfang bzw. das Spielende zu signalisieren. Spieler, die trotz des Pfiffs weiterspielen, müssen mit einer ➔ Verwarnung rechnen.

Pfosten: Die Torpfosten werden im Abstand von 7,32 m aufgestellt und dürfen wie die ➔ Latte höchstens 12 cm breit sein. Die Innenkante der Pfosten wird Innenpfosten genannt, die Außenkante Außenpfosten.

Was ist ein Torbruch?

Gelegentlich kommt es vor, dass ein Torpfosten einknickt. Das nennt man dann Torbruch. In Bundesligastadien sind deshalb Ersatztore Pflicht. Was passiert, wenn nicht vorgesorgt wurde, konnten die Zuschauer – im Stadion in Madrid und allein in Deutschland rund zehn Millionen vor den Bildschirmen – beim Halbfinale der ➔ Champions League 1998 live miterleben. Eineinhalb Stunden dauerte es, bis ein neues Tor aufgestellt war und das Spiel Real ➔ Madrid gegen Borussia ➔ Dortmund fortgesetzt werden konnte. Schon vor dem Anpfiff hätte dem Spiel »ein Tor gut getan«.

Der Franzose Michel Platini wurde als einziger Spieler dreimal hintereinander zu »Europas Fußballer des Jahres« gewählt.

Platini, Michel: Der berühmte französische Nationalspieler und Mittelfeldregisseur absolvierte bereits mit 17 sein erstes Spiel in der höchsten französischen Liga. Nachdem er in den folgenden Jahren mit seinen präzisen Pässen, extrem gefährlichen Freistößen und überragender Spielintelligenz bei zwei verschiedenen französischen Vereinen Titel gewinnen konnte, wechselte er 1982 nach Italien zu Juventus ➔ Turin. Dort wurde Platini nicht nur Torschützenkönig der italienischen Spitzenliga, man wählte ihn auch bislang als ersten und einzigen Spieler dreimal hintereinander zu Europas Fußballer des Jahres. Nach seiner Spielerkarriere war er Anfang der 1990er Jahre französischer Nationaltrainer, bevor er als Vizepräsident des Organisationskommittees die WM 1998 in Frankreich mit vorbereitete.

Geboren: 21. 6. 1955 in Joeuf, Frankreich
Spielposition: Mittelfeld
Vereine: AS Nancy-Lorraine, AS St. Etienne, Juventus Turin
Grösste Erfolge: Französischer Meister mit AS St. Etienne (1981); Französischer Pokalsieger mit AS Nancy (1978); Italienischer Meister mit Juventus Turin (1984, 1986); Italienischer Pokalsieger mit Juventus Turin (1983); Europapokal der Pokalsieger mit Juventus Turin (1984); Champions-League-Sieger mit Juventus Turin (1985); Weltpokalsieger mit Juventus Turin (1985); Europameister mit Frankreich (1984)

Platzsperre: Von der → FIFA gegen einen Verein verhängtes Verbot, im heimischen Stadion zu spielen. Eine festgelegte Anzahl von künftigen Spielen muss dann auf → neutralem Platz und/oder unter Ausschluss der Öffentlichkeit ausgetragen werden. Zu solchen Verboten kommt es z. B., wenn → Hooligans Gegner oder Schiedsrichter angegriffen haben. Eine Platzsperre wird aber auch ausgesprochen, wenn ein Fußballfeld durch Witterungseinflüsse unbespielbar ist. In diesem Fall handelt es sich natürlich nicht um eine Strafe, und dem Heimverein entsteht kein Schaden, da das Spiel bei nächster Gelegenheit an gleicher Stelle wiederholt wird.

Platzverweis → Feldverweis.

Play-off-Runde: Ausscheidungsrunde bei einem Turnier.

Jungstar Lukas Podolski beim Einsatz für die deutsche Nationalmannschaft während der WM 2006.

Podolski, Lukas: Der nach dem Abstieg des 1. FC → Köln inzwischen in den Diensten des FC Bayern → München stehende Stürmer legte einen kometenhaften Aufstieg hin. 2004 nahm der Jungstar bereits für das DFB-Team an der EM in Portugal teil, wo er einmal eingewechselt wurde. Beim 1. FC Köln wurde er mit 24 Toren in der Saison 2004/05 Torschützenkönig der 2. Bundesliga und verhalf Köln damit zum zwischenzeitlichen Aufstieg in die 1. Liga. Als Sturmpartner von Miroslav → Klose hatte Podolski starken Anteil am Erfolg der deutschen Nationalelf bei der WM 2006 und wurde von der → FIFA als bester junger Spieler des Turniers ausgezeichnet.
Geboren: 4. 6. 1985 in Gliwice, Polen
Spielposition: Angriff
Verein: FC Bayern München (seit 2006)

Pokal: Bezeichnung für eine eigentlich kelchförmige Siegestrophäe. Der Begriff steht auch für den in den meisten Ländern ausgetragenen Fußballwettbewerb der jeweiligen Landesverbände, an dem auch Mannschaften unterer Spielklassen teilnehmen. In Deutschland ist das der ➔ DFB-Pokal. Das englische Wort für Pokal ist Cup, daher werden Wettbewerbe oft auch als »Cups« bezeichnet, z. B. der ➔ UEFA-Cup oder der ➔ UI-Cup.

Pokalsieger: Sieger eines Turniers nach dem ➔ Pokalsystem.

Pokalspiel: Spiel in einem Turnier, das nach dem Pokalmodus ausgetragen wird: Die Mannschaften treten nach einem Auslosungsverfahren gegeneinander an, der Verlierer scheidet aus. Die nationalen Sieger und Bestplazierten des ➔ DFB-Pokals nehmen am europäischen Pokalwettbewerb, dem ➔ UEFA-Cup teil.

Pokalsystem: Turnier, bei dem die Mannschaften in K.o.-Runden gegeneinander antreten. Die Mannschaft, die das Spiel verliert, scheidet aus dem Wettbewerb aus, der Sieger kommt weiter.

Polster, Anton (Toni): Der torgefährliche und kopfballstarke Mittelstürmer spielte bereits erfolgreich in mehreren europäischen Spitzenligen, bevor er als Bundesligaspieler auch in Deutschland große Popularität erreichte. Polster absolvierte 95 Länderspiele für die österreichische Nationalmannschaft und erzielte dabei mit 44 Treffern mehr Tore als jeder andere Nationalspieler Österreichs.

Der ehemalige Nationalspieler Anton Polster (links) ist der bis heute erfolgreichste Stürmer der österreichischen Nationalmannschaft.

GEBOREN: 10. 3. 1964 in Wien, Österreich
SPIELPOSITION: Angriff
VEREINE: Austria Wien, FC Simmering, AC Turin, FC Sevilla, CD Logrones, Rayo Vallecano, 1. FC Köln, Borussia Mönchengladbach, Austria Salzburg
GRÖSSTE ERFOLGE: Österreichischer Meister mit Austria Wien (1984, 1985, 1986); Österreichischer Pokalsieger mit Austria Wien (1985)

Porto, FC: Der Traditionsverein aus der portugiesischen Hafenstadt ist mit 24 Meistertiteln und dreizehn Pokalsiegen einer der erfolgreichsten Fußballvereine des Landes. Auch international konnte der Club mit einem UEFA-

Cup-Sieg, zwei Champions-League- und zwei Weltpokalsiegen bereits von sich reden machen.
GEGRÜNDET: 28. 9. 1893
STADION: Estádio do Dragão, 52 000 Zuschauerplätze
INTERNET: www.fcporto.pt

Positionen → S. 130.

Positionswechsel: schnelles Wechseln eines Spielers auf eine andere Spielposition, um dort eine Lücke zu füllen oder den Gegner aus dem Konzept zu bringen.

Potsdam, Turbine: Vorgänger des Vereins war die 1971 gegründete Abteilung Frauenfußball der Betriebssportgemeinschaft der Potsdamer Energiewerke. 1990 entstand aus dem Zusammenschluss mit anderen Vereinen zunächst der SSV Turbine Potsdam, aus dem 1999 der 1. FFC Turbine Potsdam hervorging. Die Turbinen wurden sechsmal Meister im Frauenfußball der DDR-Oberliga, 2004 gewannen sie die deutsche Meisterschaft und 2005 den UEFA-Cup sowie 2004, 2005 und 2006 den DFB-Pokal.
GEGRÜNDET: 5. 3. 1971
STADION: Sportplatz Karl-Liebknecht-Stadion, 14 290 Zuschauerplätze
INTERNET: www.ffc-turbine.de

Powerplay: aus dem Eishockey übernommene Bezeichnung für eine intensive, meist lang andauernde und annähernd ununterbrochene Angriffsphase einer Mannschaft unter Einbeziehung der Mittelfeld- und offensiven Abwehrspieler.

Pressing: englisch für »drücken«. Die gegnerische Mannschaft wird hierbei frühzeitig unter Druck gesetzt, um ihr den Ball möglichst noch in ihrer eigenen Spielfeldhälfte abzunehmen.

Prinz, Birgit: Die Mittelstürmerin der Frauennationalmannschaft ist durch ihre Größe und körperliche Stärke sowie ihr taktisches Verständnis und ihre Einsatzbereitschaft äußerst schwer zu stoppen. Bis auf eine Saison bei Carolina Courage in den → USA hat Birgit Prinz bislang stets Frankfurt am Main die Treue gehalten.
GEBOREN: 25. 10. 1977 in Frankfurt am Main
SPIELPOSITION: Angriff
VEREIN: 1. FFC Frankfurt
GRÖSSTE ERFOLGE: Deutsche Meisterin mit dem FSV Frankfurt (1995, 1998)

und dem 1. FFC Frankfurt (1999, 2001, 2002, 2003, 2005); Pokalsiegerin mit dem FSV Frankfurt (1995, 1996, 1997) und dem 1. FFC Frankfurt (1999, 2000, 2001, 2002, 2003); UEFA-Pokal-Siegerin mit dem 1. FFC Frankfurt (2002), 2006; US-amerikanische Meisterin mit Carolina Courage (2002); Europameisterin mit Deutschland (1995, 1997, 2001, 2005); Weltmeisterin mit Deutschland (2003)

Birgit Prinz vom FFC Frankfurt ist derzeit die beste deutsche Stürmerin.

Punktelieferant: abschätzige Bezeichnung für einen Verein, der in einem Ligawettbewerb oft und leicht besiegt wird. Die Gegner können aus den Begegnungen fast immer die Punkte mitnehmen, die ihnen im Hinblick auf die ➔ Tabelle nützlich sind.

Punkteteilung: Geht eine Begegnung unentschieden aus, spricht man auch davon, dass die Teams sich die »Punkte teilen«, denn jede Mannschaft erhält jeweils einen Punkt.

Punktspiel: Spiel, in dem je nach dem Ergebnis Punkte an die beteiligten Mannschaften vergeben werden. Die Punktgewinne und die daraus resultierenden Positionen der Mannschaften werden in einer ➔ Tabelle festgehalten. Am Ende der ➔ Saison ist die Mannschaft mit den meisten Punkten Sieger.

Punktverlust: Erreicht eine Mannschaft in einem ➔ Punktspiel, das sie glaubte zu gewinnen, nur ein Unentschieden oder verliert gar, hat die Mannschaft nach dem Spiel natürlich nicht weniger Punkte als vorher. Trotzdem spricht man von einem »Punktverlust«, da die schon sicher geglaubten Punkte nicht erreicht wurden.

CUP

Die Rekord-Frau

Birgit Prinz, die Stürmerin des 1. FFC ➔ Frankfurt, bricht nicht nur im Frauenfußball, sondern im deutschen Fußball überhaupt Rekorde. Im Jahr 2006 wurde die Nationalspielerin zum sechsten Mal in Folge Fußballerin des Jahres in Deutschland. Das hat vorher noch keine andere Fußballerin geschafft. Bei den Männern gelang es Franz ➔ Beckenbauer als Bestem in dieser Kategorie lediglich, viermal innerhalb von zehn Jahren Deutschlands Fußballer des Jahres zu werden. Prinz, die auch die Weltfußballerin der Jahre 2003, 2004 und 2005 ist, hat zudem mehr Tore in der deutschen Frauennationalmannschaft geschossen als jede Spielerin vor ihr. Mit ihrem 84. Treffer bei der Europameisterschaft 2005 gegen Italien wurde sie Rekordtorschützin der deutschen Frauennationalmannschaft.

Positionen

Auch wenn sich die Spieler im modernen Fußball viel bewegen und gelegentlich sogar ihre Positionen tauschen, gibt es feststehende Aufgaben, die erfüllt werden müssen. Die Entscheidung darüber, wer an welcher Position spielt, hat der Trainer. Er bestimmt das ➔ Spielsystem und besetzt die Positionen nach dem Talent seiner Spieler. Natürlich gibt es für jede Position Spezialisten, die etwas anders trainieren müssen als ihre Mitspieler.

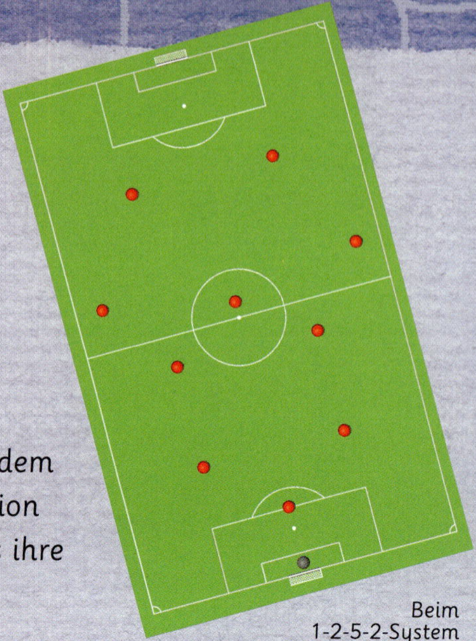

Beim 1-2-5-2-System spielen vor dem Torwart zwei Verteidiger, es gibt fünf Mittelfeldspieler und zwei Stürmer.

Die Abwehr

Die Spieler der Abwehr (dazu gehört auch der ➔ »Torwart«), auch ➔ Verteidiger genannt, haben die Aufgabe, angreifende gegnerische Spieler mit erlaubten Mitteln vom Ball zu trennen, z. B. durch ➔ Tackling, und das Angriffsspiel der eigenen Mannschaft aufzubauen. Spielt in der gegnerischen Mannschaft ein besonders torgefährlicher Stürmer, kann ein Spieler der Abwehr als ➔ Manndecker bestimmt werden. Er geht immer dann in die Nähe seines Gegners, wenn Gefahr droht: bei ➔ Eckbällen, ➔ Freistößen oder wenn die gegnerische Mannschaft angreift. Ein guter Abwehrspieler versucht, seinem Gegner den direkten Weg zum Tor zu versperren. Dazu gehört beispielsweise, Stürmer in Richtung Seitenaus zu drängen oder gegnerische Pässe abzufangen, bevor sie den Stürmer erreichen. Schlägt das fehl, kommt es darauf an, den Stürmer bei der Ballannahme zu stören. Gelangen die Angreifer der gegnerischen Mannschaft dennoch mit dem Ball in Tornähe, versuchen die Abwehrspieler, durch faire Zweikämpfe in Ballbesitz zu gelangen oder den Angriff zu stören, bis er zusammenbricht. Konnte der Angriff abgewehrt werden, schalten die Verteidiger sofort auf eigenen Angriff um, schlagen den Ball weit nach vorne oder passen ihn zu einem Spieler des Mittelfeldes.

Der Verteidiger trennt einen Stürmer mit fairem Tackling vom Ball.

Mittelfeldspieler brauchen gute Übersicht und müssen präzise Pässe schlagen können.

Das Mittelfeld

In der klassischen Anordnung (2-3-5-System) hießen die ➔ Mittelfeldspieler »Läufer« und trugen die Rückennummern 4, 5 und 6. Ihr Name war und ist Programm: Das Mittelfeld hat die Aufgabe, zwischen der Abwehr und dem Sturm zu vermitteln. Die Spieler nehmen die Pässe der Abwehrspieler an und geben sie weiter. Sie können zum Beispiel einen weiten Pass zu einem Stürmer nach vorn schlagen oder den Ball als ➔ Flanke zu einem anderen Mittelfeldspieler spielen. Je nach Spielsituation läuft ein Mittelfeldspieler auch selbst mit dem Ball nach vorn, um die Stürmer zu unterstützen. Dabei kann er sich direkt in den Angriff einschalten und einen Torschuss riskieren oder den Ball bis in die Nähe des gegnerischen ➔ Strafraums führen und ihn dort zu einem Stürmer passen oder flanken. Ein guter Mittelfeldspieler muss die Spielsituation blitzschnell überblicken. Steht einer der Stürmer frei? Dann lohnt sich ein weiter Pass. Sind alle Stürmer gedeckt, dann dürfte eine ➔ Flanke, ein ➔ Querpass oder ein eigener Lauf erfolgreicher sein.
Mittelfeldspieler stören einen Angriff der gegnerischen Mannschaft möglichst früh, um einen eigenen Angriff aufzubauen. Gelingt es dem Gegner, das Mittelfeld zu überspielen, laufen sie auf die Höhe der eigenen Abwehrspieler zurück und unterstützen sie bei der Abwehr.

Der Sturm

Da die Stürmer (Sturmspieler) die meisten Tore schießen, gehören sie zu den bekanntesten Stars einer Mannschaft. Die Zahl der Stürmer in einer Mannschaft hängt vom ➔ Spielsystem, d. h. der taktischen Vorstellung des Trainers ab. Stürmer können im Einzelangriff nach vorn gehen, die gegnerischen Abwehrspieler täuschen und aufs Tor schießen. Meistens greifen jedoch mehrere Stürmer an. Sie wechseln ihre Positionen und versuchen, sich freizulaufen. Sehr gute Stürmer scheinen einen »Riecher« für torgefährliche Situationen zu haben. Sie bieten sich ihren Mitspielern aus dem Angriff oder dem Mittelfeld an und schießen oder köpfen auf das Tor, wenn sie den Ball bekommen. Viele Spielzüge, wie der ➔ Doppelpass, das ➔ Dribbling oder die Körpertäuschung (Finten) dienen dazu, einen Stürmer in gute Schussposition zu bringen. Im Training üben die Sturmspieler auch ➔ Standardsituationen, wie Freistöße oder Eckbälle, um im Spiel wie im Schlaf reagieren zu können.

Manche Stürmer erzielen ihre Tore sogar mit einem Fallrückzieher.

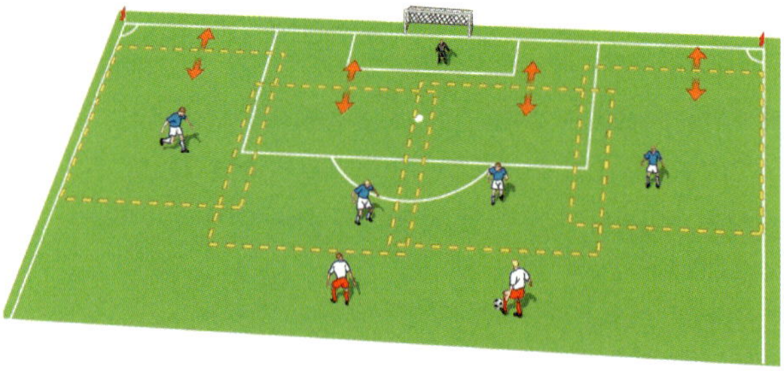

Spielfeldes und nicht nur für einen Gegenspieler zuständig sind.

Rechtsaußen: In Aufstellungen mit drei Stürmern ist der Rechtsaußen der Stürmer auf der vom eigenen Tor aus gesehen rechten Seite.

Rechtsverteidiger: Verteidiger auf der vom eigenen Torhüter aus gesehen rechten Seite.

Referee: englisch für → Schiedsrichter.

Regeln → Spielregeln.

Regelverstoß: Verhalten, das nicht mit den Spielregeln vereinbar ist. Das kann ein unfaires Vorgehen gegen einen Gegenspieler sein, ein nicht korrekt ausgeführter → Abstoß, → Freistoß oder → Einwurf oder ein pöbelhaftes Verhalten auf dem Spielfeld. Je nach Schwere und Häufigkeit der Verstöße kann der Schiedsrichter eine Strafe – vom Freistoß bis zur → Roten Karte – verhängen.

Regionalliga: Die Regionalliga ist die Spielklasse unter der 2. Bundesliga. Sie ist aufgeteilt in eine Regionalliga Nord und Süd. In jeder Saison steigen die zwei jeweils besten Teams des Nordens und des Südens in die 2. Bundesliga.

reguläre Spielzeit: exakt zweimal 45 Minuten. Alles, was außerhalb dieses Zeitrahmens liegt, geschieht in der → Nachspielzeit oder der → Verlängerung.

Rehhagel, Otto: Der ehemalige Bundesligaspieler hat 2004 als Trainer die griechische Nationalmannschaft zum Europameistertitel geführt. 1963, am ersten Spieltag der Bundesliga, stand die heutige Trainerlegende noch als Verteidiger von Hertha BSC → Berlin auf dem Platz. Inzwischen hält er die Bestmarken für die meisten Siege und die meisten Tore unter ihm als Trainer und auch für die längste Amtszeit in der 1. Bundesliga. Als bislang einziger Trainer hat er es auch geschafft, mit dem 1. FC → Kaiserslautern einen Aufsteiger direkt zum Deutschen Meister zu machen.
GEBOREN: 9. 8. 1938 in Essen
SPIELPOSITION: Verteidigung, Mittelfeld
VEREINE (ALS SPIELER): Hertha BSC Berlin, 1. FC Kaiserslautern
VEREINE (ALS TRAINER): 1. FC Saarbrücken, Kickers Offenbach, Borussia Dortmund, Arminia Bielefeld, Fortuna Düsseldorf,

Werder Bremen, Bayern München, 1. FC Kaiserslautern, Nationalmannschaft Griechenland

GRÖSSTE ERFOLGE (ALS TRAINER): Deutscher Meister mit Werder Bremen (1988, 1993) und mit dem 1. FC Kaiserslautern (1998); Deutscher Pokalsieger mit Fortuna Düsseldorf (1980) und mit Werder Bremen (1991, 1994); Pokal der Pokalsieger mit Werder Bremen (1992); Europameister mit Griechenland (2004)

Otto Rehhagel nach dem größten Triumph seiner Trainerkarriere: dem Gewinn der EM 2004

Rekordbundesligaspieler: Der Spieler, der die meisten Spiele in der Bundesliga bestritten hat. ➔ Die meisten Spieleinsätze in der Bundesliga, S. 136.

Rekordmeister: Seit dem Jahr 1903 wird nach immer wieder wechselnden Regeln der Wettbewerb um den Titel des Deutschen Fußballmeisters ausgetragen. Seit Gründung der 1. Bundesliga mit der Saison 1963/64 wird er unter den in ihr vertretenen Mannschaften ausgespielt. Die meisten Erfolge kann der FC Bayern ➔ München vorweisen, nämlich 20 deutsche Meistertitel (19 davon seit Einführung der Bundesliga). Alle anderen Vereine folgen in weitem Abstand.

CUP

Deutsche Meisterschaften
(in Klammern seit Einführung der Bundesliga)

FC Bayern München	20	(19)
1. FC Nürnberg	9	(1)
Schalke 04	7	(0)
Hamburger SV	6	(3)
Borussia Dortmund	6	(3)
Borussia Mönchengladbach	5	(5)
SV Werder Bremen	4	(4)
1. FC Kaiserslautern	4	(2)
VfB Stuttgart	4	(2)

Rekordnationalspieler ➔ siehe Hunderter-Club.

Remis: Unentschieden.

rempeln: mit Körpereinsatz in einen Zweikampf hineingehen. Das Rempeln kann regelgerecht sein, wenn es mit der Schulter im Kampf um den Ball erfolgt. Ein ➔ Regelverstoß liegt aber vor, wenn der Ball nicht in der Nähe ist oder der Gegner von hinten gerempelt wird.

Die meisten Spieleinsätze in der Bundesliga

Rekordbundesligaspieler	Einsätze
1. Karl-Heinz Körbel (Eintr. Frankfurt)	602
2. Manfred Kaltz (Hamburger SV)	581
3. Klaus Fichtel (Schalke 04)	552
4. Mirko Votava (Werder Bremen)	546
5. Klaus Fischer (Schalke 04)	535
6. Eike Immel (VfB Stuttgart)	534
7. Willi Neuberger (Eintr. Frankfurt)	520
8. Michael Lameck (VfL Bochum)	518
9. Uli Stein (Hamburger SV)	512
10. Bernard Dietz (MSV Duisburg)	495
11. Ditmar Jakobs (Hamburger SV)	493
12. Rainer Geye (1. FC Kaiserslautern)	485
13. Dieter Burdenski (Werder Bremen)	478
14. Sepp Maier (Bayern München)	473
15. Harald Schumacher (1. FC Köln)	464
Lothar Matthäus (Bayern München)	464

Revanchefoul: ein Angriff auf den Gegner, um sich für eine angebliche oder tatsächliche Unsportlichkeit zu revanchieren. Diese Form der Selbstjustiz ist regelwidrig, da lediglich der ➔ Schiedsrichter das Recht hat, nicht regelgerechtes Verhalten zu bestrafen.

Rist: Innen- oder Außenseite des Fußes. Mit dem Innenrist werden häufig kurze Pässe gespielt. Einige Schuss- und Passtechniken werden mit dem Außenrist ausgeführt.

rochieren: Die Spieler wechseln im laufenden Spiel ihre Positionen. Das Wort ist vom Schachbegriff »Rochade« (Zug, bei dem zwei Figuren gleichzeitig bewegt werden dürfen) abgeleitet.

Ronaldinho: Ronaldo de Assis Moreira gilt derzeit als wahrscheinlich bester Fußballer der Welt. Der brasilianische Nationalspieler besitzt ein ausgesprochen gutes Ballgefühl, eine ausgefeilte Technik und hat stets außergewöhnliche Tricks auf Lager. Als ➔ beidfüßiger Mittelfeldspieler ist Ronaldinho sehr torgefährlich. Ihm gelingt es aber vor allem bei seinem Heimverein

Brasiliens Starstürmer Ronaldinho (links) im Zweikampf mit dem Ghanaer Sulley Muntari im Achtelfinalspiel der WM 2006

FC → Barcelona auch, seine Mitspieler mit spektakulären Vorlagen zu versorgen. Entgegen den Erwartungen der Experten gelang es dem Weltfußballer der Jahre 2004 und 2005 jedoch nicht, der gefeierte Star der WM 2006 zu werden.
Geboren: 21. 3. 1980 in Porto Alegre, Brasilien
Spielposition: Mittelfeld
Verein: FC Barcelona (seit 2003)
Grösste Erfolge: Spanischer Meister mit dem FC Barcelona (2005, 2006), Champions-League-Sieger mit dem FC Barcelona (2006), Weltmeister mit Brasilien (2002)

Ronaldo: Der Brasilianer Ronaldo Luiz Nazario da Lima war schon als Teenager in Brasilien erfolgreich. 1994 wechselte Ronaldo nach Europa, wo er nach mehreren Stationen heute bei Real → Madrid einen Vertrag bis 2008 hat. 1996 gewann Ronaldo als mit Abstand jüngster Spieler die Wahl zum Weltfußballer des Jahres. Er errang den Titel im darauf folgenden Jahr erneut, was seit der offiziellen Einführung dieses Titels durch die → FIFA außer ihm noch niemandem gelungen ist. 2002 spielte Ronaldo, inzwischen ein fast lückenloser → Allroundspieler und Spielgestalter, die vielleicht erfolgreichste Saison, die je ein Fußballer gespielt hat: Er gewann mit → Brasilien die Weltmeisterschaft, bei der er Torschützenkönig wurde und im Endspiel gegen Deutschland beide Tore schoss. Mit Real Madrid gewann er den Weltpokal und wurde sowohl Europas Fußballer des Jahres als auch Weltfußballer des Jahres.

Ronaldo Luiz Nazario da Lima wurde im Alter von erst 20 Jahren zum Weltfußballer des Jahres 1996 gewählt.

Geboren: 22. 9. 1976 in Rio de Janeiro, Brasilien
Spielposition: Angriff
Verein: Real Madrid (seit 2002)
Grösste Erfolge: Niederländischer Pokalsieger mit dem PSV Eindhoven (1996); Spanischer Meister mit Real Madrid (2003); Spanischer Pokalsieger mit dem FC Barcelona (1997); Europapokal der Pokalsieger mit dem FC Barcelona (1997); Uefa-Cup-Sieger mit Inter Mailand (1998); Weltpokalsieger mit Real Madrid (2002); Weltmeister mit Brasilien (2002)

Rostock, FC Hansa: Der erst 1965 gegründete ostdeutsche Fußballverein hat seine Ursprünge im Erzgebirge. Um den Fußball in Mecklenburg-Vorpommern voranzubringen, wurde die Mannschaft von Empor Lauter 1954 an die Ostsee geschickt. Dreimal wurden die Hanseaten daraufhin DDR-Vizemeister, fünfmal standen sie im Finale des DDR-Pokals. 1991 war Hansa Rostock in der ersten gesamtdeutschen Bundesliga vertreten, musste am Saisonende jedoch absteigen. Unter Trainer Frank Pagelsdorf gelang 1995 der Wiederaufstieg in die 1. Bundesliga. Zehn Jahre lang konnte sich der Verein in der höchsten deutschen Spielklasse halten, bevor er sich 2005 wieder in die 2. Bundesliga verabschiedete.
GEGRÜNDET: 28. 12. 1965
STADION: Ostseestadion, 30 000 Zuschauerplätze
INTERNET: www.fc-hansa.de

Rote Karte: Im Jahr 1970 eingeführte Höchststrafe für einen ➔ Regelverstoß. Ein Spieler, dem der ➔ Schiedsrichter die Rote Karte zeigt, muss den Platz verlassen und darf durch keinen anderen ersetzt werden. Anlass für eine Rote Karte sind die unter dem Stichwort ➔ Feldverweis aufgeführten Vergehen.

rote Laterne: Früher befand sich am letzten Waggon eines Zuges eine rote Laterne, um das Ende des Zuges zu markieren und nachfolgende Züge zu warnen. Von einer Mannschaft, die am Ende der Tabelle steht, sagt man bis heute, sie trägt die rote Laterne. Aus dem gleichen Grund wird der Tabellenletzte manchmal auch als Schlusslicht bezeichnet.

Rotterdam, Feyenoord: Der niederländische Fußballverein und Rivale von Ajax ➔ Amsterdam wurde bislang 14-mal Landesmeister und zehnmal Pokalsieger. 1970 holte sich Feyenoord den Champions-League-Sieg, und in den Jahren 1974 und 2002 wurde der Verein UEFA-Cup-Sieger. 1984 standen mit Ruud Gullit und Johan ➔ Cruyff die zwei vielleicht bedeutendsten Fußballer der ➔ Niederlande in den Diensten Feyenoords und bescherten dem Verein das Double.
GEGRÜNDET: 19. 7. 1908
STADION: De Kuip, 51 177 Plätze
INTERNET: www.feyenoord.nl

Der deutsche Schiedsrichter Markus Merk zeigt dem Turiner Mittelfeldspieler Tacchinardi die Rote Karte.

Wem brachte die Unglückszahl 13 Glück?

Bei der FIFA WM 1970 in Mexiko wählte sich Gerd ➔ Müller die Nummer 13, weil die Nummer 9 schon an Uwe ➔ Seeler vergeben war. Er erzielte zehn Treffer und wurde Torschützenkönig dieser Weltmeisterschaft. Müller behielt fortan die Rückennummer 13 und trug sie auch in seinem letzten Länderspiel, wo er im WM-Finale 1974 in München den Treffer zum 2:1-Sieg über die Niederlande erzielte.

Rückennummer: 1933 in England eingeführtes Erkennungszeichen, damit ➔ Schiedsrichter, Gegenspieler und Publikum die einzelnen Spieler besser unterscheiden können. Die Nummern können nach den taktischen Positionen im Spielsystem oder auch völlig willkürlich vergeben werden. Nur der Torhüter trägt fast immer die 1. Es gibt aber eine Tradition, dass große ➔ Spielmacher das Trikot mit der 10 tragen. Bei Profiteams sind die Nummern heutzutage relativ fest vergeben. Ein Spieler behält eine bestimmte Nummer über eine komplette Saison oder sogar solange er bei demselben Verein spielt.

Rückgabe: Zuspiel zu einem weiter hinten stehenden Mitspieler oder zum Torwart.

Rückpass: Zuspiel zum eigenen Torwart mit dem Fuß. Der Torwart darf den Ball dann nicht mit der Hand berühren. Tut er es doch, gibt es für die gegnerische Mannschaft einen indirekten ➔ Freistoß innerhalb der Strafraumgrenze.

Rückrunde: erneuter Durchgang von Spielen aller Mannschaften einer Spielklasse gegeneinander in der zweiten Saisonhälfte. Eine Mannschaft, die in der ➔ Hinrunde der ersten Saisonhälfte Heimrecht hatte, muss beim Spiel gegen den gleichen Gegner in der Rückrunde auswärts antreten und umgekehrt.

Rückspiel: das zweite Spiel gegen die gleiche Mannschaft innerhalb eines Wettbewerbs. Zwischen ➔ Hinspiel und Rückspiel wechselt das Heimrecht.

Der Bremer Mittelfeldspieler Christian Schulz köpft den Ball zurück zum eigenen Torhüter Andreas Reinke.

Rückstand: Liegt eine Mannschaft in einem Spiel vorne, ist die andere Mannschaft im Rückstand.

Rudelbildung: Wenn eine größere Anzahl von Spielern einer Mannschaft oder beider

Schiedsrichter Wolfgang Stark wird von Spielern des FC Freiburg (rotes Trikot) und von Hertha BSC Berlin umlagert.

Mannschaften auf dem Platz zusammenläuft, um eigene Spieler verbal oder handgreiflich zu unterstützen oder um nach unliebsamen Entscheidungen den → Schiedsrichter zu beeinflussen, nennt man das Rudelbildung. Aufgabe des Unparteiischen ist es, ein solches Verhalten zu unterbinden, notfalls durch die Verhängung von angemessenen Strafen gegen die Verursacher.

ruhender Ball: Ball, der nicht in Bewegung ist. Vor einem → Freistoß oder einer Ecke muss der Ball ruhig liegen. Man spricht davon, dass ein ruhender Ball das Tor gebracht hat, wenn aus dem Freistoß oder der Ecke ein Tor erzielt wurde.

Rummenigge, Karl-Heinz (Kalle): Der deutsche Stürmer war einer der populärsten Fußballer der späten 1970er und der frühen 1980er Jahre und wurde zweimal Europas Fußballer des Jahres. Dribbelstark und schusssicher wurde Rummenigge ein Star in der Nationalmannschaft und beim FC Bayern → München, der mit ihm viele große Erfolge feierte. Heute ist Karl-Heinz Rummenigge Vorstandsvorsitzender des FC Bayern München.
Geboren: 25. 9. 1955 in Lippstadt
Spielposition: Angriff
Vereine: Borussia Lippstadt, FC Bayern München, Inter Mailand, Servette Genf
Grösste Erfolge: Deutscher Meister mit dem FC Bayern München (1980, 1981); Deutscher Pokalsieger mit dem FC Bayern München (1982, 1984); Champions-League-Sieger mit dem FC Bayern München (1975, 1976); Weltpokalsieger mit dem FC Bayern München (1976); Europameister mit Deutschland (1980)

Karl-Heinz Rummenigge mit vollem Einsatz im Länderspiel Deutschland – Portugal bei der EM 1984

S

Saison: die Spielzeit in einer Liga vom ersten bis zum letzten Meisterschaftsspiel. In den meisten Ländern dauert eine Saison vom Sommer eines Jahres bis zum Sommer des nächsten Jahres, manchmal mit einer Winterpause. In Ländern, in denen harte Winter den Spielbetrieb für lange Zeit erschweren oder unmöglich machen würden, wird daher die gesamte Saison vom Frühjahr bis zum Herbst eines Jahres gespielt.

Sammer, Matthias: Der ehemalige deutsche Mittelfeldspieler war vor der Wende in der höchsten Spielklasse der DDR schon sehr erfolgreich. In der Bundesliga konnte Sammer mit hervorragenden Leistungen nationale und internationale Titel erringen. Der Mittelfeldspieler, der 74 Länderspiele für deutsche Nationalmannschaften bestritt (davon 23 für die DDR), war 1996 Europas Fußballer des Jahres. Nach seiner Spielerlaufbahn startete Matthias Sammer mit beachtlichem Erfolg eine Karriere als Vereinstrainer und ist seit dem Jahr 2006 Sportdirektor des → DFB.

GEBOREN: 5. 9. 1967 in Dresden
SPIELPOSITION: Mittelfeld, Verteidigung
VEREINE: Dynamo Dresden, VfB Stuttgart, Inter Mailand, Borussia Dortmund
GRÖSSTE ERFOLGE (ALS SPIELER): DDR-Meister mit Dynamo Dresden (1989, 1990); DDR-Pokalsieger mit Dynamo Dresden (1990); Deutscher Meister mit dem VfB Stuttgart (1992) und Borussia Dortmund (1995, 1996); Champions-League-Sieger mit Borussia Dortmund (1997); Weltpokalsieger mit Borussia Dortmund (1997); Europameister mit Deutschland (1996)
GRÖSSTE ERFOLGE (ALS TRAINER): Deutscher Meister mit Borussia Dortmund (2002)

Matthias Sammer hat als Spieler und als Trainer beachtliche Erfolge zu verzeichnen.

Schalke 04, FC: Der Traditionsverein aus Gelsenkirchen hatte seine größte Zeit in den 1930er und 1940er Jahren, als die Mannschaft mit einem modernen Spielsystem sechsmal Deutscher Meister wurde. Das gelang zwar 1958 noch einmal, aber obwohl Schalke in der Bundesliga zu den populärsten und erfolgreichsten Vereinen gehört, wurde der Meistertitel seit Bestehen der Bundesliga nie mehr gewonnen.

Was war der »Schalker Kreisel«?

In den 1920er und 1930er Jahren brachten deutsche Fußballer aus England das Kurzpass-Spiel nach Deutschland mit. Die Spieler Fritz Szepan und Ernst ➔ Kuzorra vom FC ➔ Schalke 04 perfektionierten es und machten aus der Spieltaktik, bei der der Ball so lange zwischen den sich immer wieder freilaufenden Spielern hin und hergespielt wurde (»kreiste«), bis sich eine Torchance ergab, den »Schalker Kreisel«. 1933 und 1938 erreichte Schalke so das Endspiel um die Deutsche Meisterschaft. 1934, 1935, 1937, 1939, 1940 und 1942 konnten die Gelsenkirchener die Meisterschaft und 1937 zusätzlich den Pokal gewinnen. Kein Wunder, dass man bei den Schalker Fans gern an die Zeit des Schalker Kreisels zurückdenkt!

Den Pokal errangen die Schalker viermal, davon dreimal seit Bestehen der Bundesliga. International holte sich Schalke 04 im Jahr 1997 den UEFA-Pokal.
Gegründet: 4. 5. 1904
Stadion: Veltins-Arena, 61 524 Zuschauerplätze
Internet: www.schalke04.de

Schere: Technik, um einen seitlich ankommenden Ball zu spielen. Der Spieler springt dabei leicht hoch, wobei das Bein, mit dem der Ball gespielt werden soll, etwas höher gehalten wird als das andere. Die Beine bilden die Form einer leicht geöffneten Schere.

Schiedsrichter ➔ S. 144.

Schiedsrichterassistent: Seit 1996 werden die Linienrichter, die den ➔ Schiedsrichter unterstützen, Schiedsrichterassistenten genannt. Die ausgebildeten Schiedsrichter stehen jeweils an einer der Seitenlinien. Mit der ➔ Fahne geben sie dem Schiedsrichter ein Zeichen, wenn eine strafbare ➔ Abseitsposition, ein ➔ Ausball oder ➔ Foul vorliegt, welches der Schiedsrichter nicht erkennen konnte.

Schiedsrichterball: Nach einer Unterbrechung, die weder durch eine ➔ Regelwidrigkeit noch einen ➔ Ausball hervorgerufen wurde, wird das Spiel mit einem Schiedsrichterball fortgesetzt. An der Stelle, an der der Ball zuletzt im Spiel war, stehen sich je ein Spieler jeder Mannschaft gegenüber. Der Schiedsrichter tritt hinzu und lässt den Ball aus Brusthöhe auf den Boden fallen. Sobald der Ball den Boden berührt hat, darf er gespielt werden. So hat jede Mannschaft die gleiche Chance, sich den Ball zu erobern.

Schiedsrichterbeleidigung: herabwürdigende Äußerung oder Geste gegenüber einem Schiedsrichter, die mit der ➔ Roten Karte geahndet werden kann. Auch unsportliches Verhalten gegenüber dem Schiedsrichter nach dem Spiel kann noch eine Strafe gegen den beleidigenden Spieler nach sich ziehen.

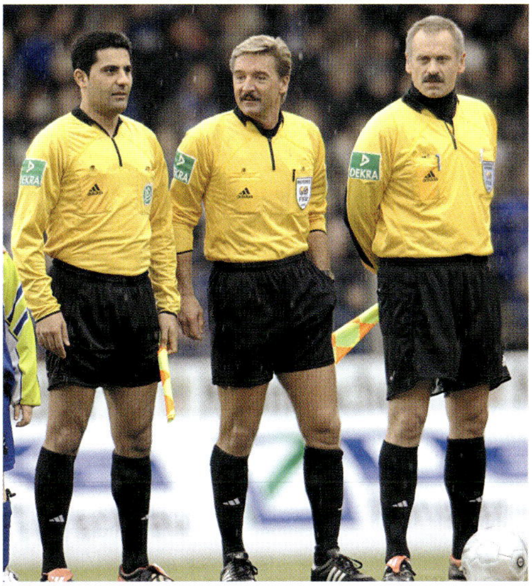

Das Schiedsrichtergespann um Franz-Xaver Wack

Schiedsrichtergespann: Den → Schiedsrichter und seine beiden Assistenten nennt man auch Schiedsrichtergespann.

Schienbeinschützer: gewölbte Kunststoffschiene zum Schutz des Schienbeins.

Schlenzer: nicht sehr harter, dafür sehr gefühlvoller und platzierter Schuss mit dem Innen- oder Außenspann.

Schlüsselspiel: äußerst bedeutsames Spiel, in dem eine Mannschaft eine Vorentscheidung über den Verlauf des weiteren Wettbewerbs erreichen kann. Das Spiel ist der Schlüssel zum Erfolg.

Schlusslicht → rote Laterne.

Schlussmann → Torwart.

Schlusspfiff → Abpfiff.

Bernd Schneider bei der Ballanahme mit der Brust

Schneider, Bernd: Der erfahrene und äußerst vielseitige Mittelfeldspieler ist ein guter Techniker mit einem ausgeprägten Spielverständnis. Er ist einer der letzten Spieler, die bereits vor der Amtszeit Jürgen → Klinsmanns in der Nationalmannschaft eine feste Größe waren und noch immer sind. Neben Michael → Ballack setzte Schneider im offensiven Mittelfeld bei der WM 2006 für die deutsche Nationalelf erneut wichtige Akzente.
GEBOREN: 17. 11. 1973 in Jena
SPIELPOSITION: Mittelfeld
VEREIN: Bayer Leverkusen (seit 1999)
GRÖSSTE ERFOLGE: Vizeweltmeister mit Deutschland (2002)

Scholl, Mehmet: Der dienstälteste Profi des FC Bayern → München ist sicherlich einer der talentiertesten und inzwischen auch erfahrensten Spieler der Bundesliga. Verletzungen verhinderten eine erfolgrei-

Fortsetzung auf S. 146

Der Schiedsrichter

Die Schiedsrichter-Assistentin zeigt mit beidhändig hochgehobener Fahne eine Auswechs-lung an.

Der neutrale Schiedsrichter leitet das Fußballspiel. Er überprüft vor Spielbeginn Platz, Fußball und die ➔ Ausrüstung der Spieler und überwacht mit Hilfe seiner beiden Assistenten die Einhaltung der Fußballregeln, spricht Strafen aus und entscheidet über Tore, ➔ Spielunterbrechungen, -verlängerungen oder -abbruch. Alle Entscheidungen des Schiedsrichters auf dem Feld sind endgültig, die Assistenten sind ihm unterstellt. In Deutschland gibt es rund 75 000 Schiedsrichter. Jeder Fußballverein muss je nach Mitgliederzahl einen bis mehrere Schiedsrichter stellen, die Spiele von den Jugendmannschaften bis zur Bundesliga leiten. Einige, von der FIFA-Schiedsrichterkommission vorgeschlagene, Schiedsrichter dürfen internationale Spiele leiten (Europa- und Weltmeisterschaft, UEFA-Cup usw.)

Wie wird man Schiedsrichter?
Mitglieder von Fußballvereinen können an einem Schiedsrichterlehrgang teilnehmen und nach bestandener Prüfung Spiele leiten. Junge Schiedsrichter pfeifen zuerst die Spiele von Jugendmannschaften, später auch Spiele im Erwachsenenbereich und steigen wie Mannschaften von Liga zu Liga auf. Sie werden von Schiedsrichterbeobachtern bewertet, nehmen an Lehrgängen und Schulungen teil. Zweimal pro Jahr unterziehen sie sich einer theoretischen und praktischen Prüfung, bis die Besten nach sechs bis acht Jahren in die Bundesliga aufsteigen. Schiedsrichter sind ehrenamtlich tätig, d. h. sie bekommen kein Gehalt, sondern eine Aufwandsentschädigung. Mit 46 Jahren (in Deutschland) bzw. 45 Jahren (international) endet ihre Karriere.

Was hat ein Schiedsrichter in seinen Taschen?
Heute tragen die Schiedsrichter nicht mehr einheitlich schwarze, sondern farbige Trikots. Zur Ausrüstung des Schiedsrichters gehören eine Trillerpfeife, eine Rote und eine Gelbe Karte, Notizkarte und Block, Kugelschreiber, eine Münze

Ein Schiedsrichter mit seinen beiden Assistenten vor dem Spiel

für die Seitenwahl und ein Stollenprüfer, um die Stollenhöhe der Fußballschuhe zu messen. Außerdem trägt er eine Uhr, um Spiellänge und Unterbrechungen zu messen. Die Schiedsrichterassistenten tragen eine rot-gelb karierte Fahne, die sie wie eine Signalflagge benutzen.

Welche Aufgaben haben der Schiedsrichter und seine Assistenten im Spiel?
Vor Spielbeginn wirft der Schiedsrichter vor den beiden ➔ Spielführern (Kapitänen) der Mannschaften eine Münze – der Gewinner wählt die Spielfeldseite. Die Assistenten überwachen neben dem Spielfeldrand jeweils eine Spielfeldhälfte. Sie stehen sich diagonal gegenüber und laufen auf Höhe des Balles vor und zurück. Sie geben mit ihrer Fahne bestimmte Signale, wenn ein Ball ins Aus oder Toraus geht, ➔ Abseits oder Regelverstöße vorliegen.
Der Schiedsrichter läuft mit den Spielern auf dem Spielfeld. Dabei bewegt er sich etwa auf der Diagonale, die die Spielfeldteile verbindet, die von den Assistenten nicht direkt überblickt werden kann (läuft ein Assistent auf der rechten Auslinie, läuft der Schiedsrichter in der linken Spielfeldhälfte und andersherum).
Der Schiedsrichter spricht Spielstrafen (Freistöße, ➔ Elfmeter) bei Regelverstößen und persönliche Strafen bei Fehlverhalten von Spielern (Gelbe, Gelb-Rote, Rote Karte) aus. Sein Pfiff unterbricht das Spiel. Er kontrolliert den Abstand der gegnerischen Spieler beim ➔ Freistoß oder ob sich ein Torwart vor dem Elfmeterschuss nach vorne bewegt. Erst nach seinem Pfiff und Handzeichen geht das Spiel weiter. Nur der Schiedsrichter entscheidet – nach Rücksprache mit seinem Assistenten – ob ein Tor gültig war. Er unterbricht das Spiel, wenn ein Spieler verletzt wurde und behandelt werden muss und kann diese Zeiten nachspielen lassen. Bei schweren Störungen von außen (z. B. randalierende Zuschauer) darf er das Spiel sogar abbrechen.

Mit hoch erhobenem Arm zeigt der Schiedsrichter einen indirekten Freistoß an.

Der deutsche Schiedsrichter Markus Merk hat viele internationale Spiele geleitet, u. a. das EM-Endspiel von 2004. Im selben Jahr wurde er zum Weltschiedsrichter des Jahres gewählt.

Das Funkleitsystem

Seit der ➔ Europameisterschaft von 2004 ist das so genannte Funkleitsystem offiziell zugelassen. Es besteht aus Sendern in den Handgriffen der Assistenten-Fahnen und einem Empfänger, den der ➔ Schiedsrichter am Arm trägt. Bei ➔ Regelverstößen oder offensichtlichen ➔ Fehlentscheidungen können die Assistenten den ➔ Schiedsrichter informieren, er hört einen Signalton und spürt eine Vibration.

Mehmet Scholl ist ein technisch herausragender Spieler, den immer wieder Verletzungen zurückwarfen.

chere internationale Karriere des ballsicheren Spitzentechnikers. Beim Europameisterschaftssieg 1996 konnte er aber auch auf internationalem Niveau seine ganze Klasse zeigen.
GEBOREN: 16. 10. 1970 in Karlsruhe
SPIELPOSITION: Mittelfeld
VEREIN: FC Bayern München (seit 1992)
GRÖSSTE ERFOLGE (ALLE MIT DEM FC BAYERN MÜNCHEN): Deutscher Meister (1994, 1997, 1999, 2000, 2001, 2003, 2005, 2006); Deutscher Pokalsieger (1998, 2000, 2003, 2005, 2006); UEFA-Cup-Sieger (1996); Champions-League-Sieger (2001); Weltpokalsieger (2001); Europameister mit Deutschland (1996)

Schön, Helmut: »Der Mann mit der Mütze« wurde im Jahr 1956 Assistent von Sepp ➔ Herberger und 1964 dessen Nachfolger als Bundestrainer der Fußballnationalmannschaft. Es gelang dem deutschen Nationalstürmer der 1930er und 1940er Jahre, eine schlagkräftige Nationalmannschaft zu formen. In sechs WM- und EM-Turnieren führte Schön seine Mannschaft fünfmal unter die ersten drei, beide Wettbewerbe wurden unter seiner Leitung einmal gewonnen. Damit ist er bis heute der erfolgreichste deutsche Nationaltrainer.
GEBOREN: 15. 9. 1915 in Dresden
GESTORBEN: 23. 2. 1996
GRÖSSTE ERFOLGE ALS DEUTSCHER BUNDESTRAINER: Europameister (1972); Weltmeister (1974)

Schuss ➔ Stoßarten.

Schussbein: im Gegensatz zum ➔ Standbein das freie Bein, mit dem der Spieler den Ball stößt.

Schusswinkel: Der Begriff beschreibt die Position, in der der Spieler vor dem Tor steht. Exakt ist es der Winkel zwischen der möglichen Schusslinie und der Torauslinie. Je seitlicher der Spieler zum Tor steht, desto spitzer und ungünstiger ist der Schusswinkel.

Der Niederländer Rafael van der Vaart (links) hebt neben dem Griechen Traianos Dellas zu einer eleganten Schwalbe ab.

Schwalbe: absichtliches Hinfallenlassen eines Spielers, um ein → Foul des Gegners vorzutäuschen. Eine solche Aktion wird als »Schwalbe« bezeichnet, weil der Spieler wie der Vogel in elegantem Tiefflug dahinsegelt. Bemerkt der Schiedsrichter den Betrug, erhält der Stürmer für sein unsportliches Verhalten die → Gelbe Karte. Wenn nicht, erhält seine Mannschaft im günstigsten Fall sogar einen Strafstoß.

Schweinsteiger, Bastian: »Schweini« gehört zu den größten Talenten des deutschen Fußballs. Der offensive Mittelfeldspieler schaffte seinen Durchbruch 2002 beim Champions-League-Spiel des FC Bayern → München gegen RC Lens, als er eingewechselt wurde und prompt ein Tor vorbereitete. Seitdem spielt der Youngster regelmäßig in der Stammelf der Münchner. Aufgrund seiner Leistungen berief ihn schon der damalige Teamchef Rudi → Völler für die EM 2004 in Portugal, wo er sein Können unter Beweis stellte. Bei der FIFA WM 2006 zeigte Schweinsteiger hervorragende Leistungen. Beim 3 : 1-Sieg im Spiel um den dritten Platz erzielte er zwei Treffer und erzwang den dritten – ein Eigentor der Portugiesen – durch einen von ihm getretenen Freistoß.
Geboren: 1. 8. 1984 in Kolbermoor
Spielposition: Mittelfeld
Vereine: FC Bayern München
Grösste Erfolge: Deutscher Meister mit dem FC Bayern München (2003, 2005, 2006); Deutscher Pokalsieger mit dem FC Bayern München (2003, 2005, 2006)

Jungstar Bastian Schweinsteiger (links) vom FC Bayern München sorgt immer für Schwung im Spiel.

Das Spielfeld

Obwohl es im Fußball für fast alles eine Regel gibt, ist die Größe des Spielfelds erstaunlich variabel. Für internationale Begegnungen (Länderspiele) muss es mindestens 100 m lang und 64 m breit sein, es darf maximal 110 m lang und 75 m breit sein. Bei Spielen in Deutschland sind Längen von 90 bis 120 m und Breiten von 45 bis 90 m erlaubt.

Beim Eckstoß (»Ecke«) muss der Ball innerhalb des Viertelkreises vor der Eckfahne liegen.

Alle Spiele der oberen Klassen finden auf Rasenplätzen statt. Die Linien auf dem Feld müssen gut sichtbar sein und dürfen weder Rinnen noch flache »Wälle« bilden. Die Breite der Linien darf 12 cm nicht überschreiten. Für den Schiedsrichter ist wichtig, dass die weiße Linie noch zum Raum gehört, den sie umschließt – deswegen zählt ein Ball, der auf die Torlinie prallt, nicht als Tor.

Die Torlinie ist die gesamte Linie an der Schmalseite des Spielfeldes und nicht nur der Bereich zwischen den Torpfosten. Von den Torpfosten bis zu den Eckfahnen wird sie Torauslinie genannt.

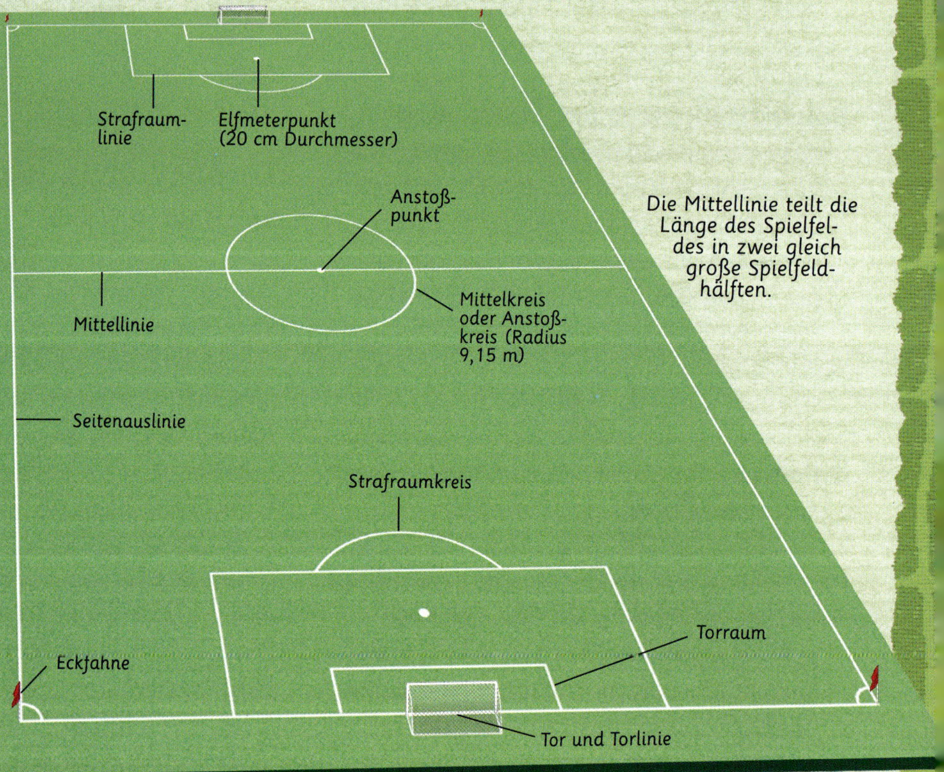

Die Mittellinie teilt die Länge des Spielfeldes in zwei gleich große Spielfeldhälften.

Eine Spielerin beim korrekten Einwurf von der Seitenauslinie. Sie muss den Ball mit beiden Händen über den Kopf werfen und darf mit beiden Füßen am Boden die Linie zwar berühren, aber nicht überschreiten.

Die Linien am und im Torbereich sind für Schiedsrichterentscheidungen von Bedeutung: Im Torraum (5,50 m vor der Torlinie, je 5,50 m rechts und links der Innenkante Torpfosten) darf der Torhüter nicht angegriffen werden. Im Strafraum (16,50 m vor der Torlinie, je 16,50 rechts und links der Innenkante Torpfosten) werden schwere Regelverstöße der verteidigenden Mannschaft mit Elfmeter geahndet. Der Strafraumkreis ist genau 9,15 m vom Elfmeterpunkt entfernt – diesen Abstand müssen Spieler beim Elfmeter einhalten.

Der Spielmacher wechselt sich ein

Ein Spielmacher ist der entscheidende, der spielgestaltende Fußballer in einer Mannschaft. 1973 hat Günter ➔ Netzer von Borussia ➔ Mönchengladbach das im DFB-Pokal-Finale gegen den 1. FC ➔ Köln besonders wörtlich genommen und in kürzester Zeit »das Spiel gemacht«. Bereits in der Halbzeitpause wollte der Trainer den Mittelfeldstar einwechseln, aber der weigerte sich und blieb auf der ➔ Ersatzbank sitzen. Als es nach der regulären Spielzeit 1 : 1 stand, winkte Netzer einen erschöpften Spieler seiner Mannschaft heraus und wechselte sich einfach selbst ein. Nach kurzer Zeit bekam er nach einem Doppelpass mit einem Mitspieler den Ball wieder auf den Fuß, zog ab – und traf zum 2 : 1-Siegtreffer für Mönchengladbach. Eine Eigenmächtigkeit mit gutem Ende, die sich wohl wirklich nur ein großer Spielmacher leisten kann.

eines Spiels darf nur der Kapitän mit dem Schiedsrichter sprechen. Der Spielführer begrüßt vor Spielbeginn das ➔ Schiedsrichtergespann und den Spielführer des Gegners, mit dem er an der ➔ Seitenwahl teilnimmt. Der Spielführer vertritt die Interessen seiner Mannschaftskameraden auch gegenüber dem Trainer und dem Verein.

Spielhälfte: Der Begriff bezeichnet sowohl eine Hälfte des Spielfeldes als auch eine Hälfte der Spielzeit.

Spielklasse: Liga, in der eine Mannschaft spielt. Höchste Spielklasse in Deutschland ist die 1. Bundesliga, danach folgen 2. Bundesliga, Regionalliga und Oberliga.

Spielkleidung ➔ Ausrüstung.

Spielmacher: spielgestaltender offensiver Mittelfeldspieler. Er ist Anspielpunkt für seine Mitspieler, hat die entscheidenden Ideen für das Angriffsspiel und bestimmt mit seinen Pässen Gestaltung und Tempo des Spiels. Die Spielmacher sind oft die wichtigsten Spieler einer Mannschaft. Die berühmtesten Spieler in Geschichte und Gegenwart waren oder sind zu einem großen Teil Spielmacher. Die bedeutenden Spielmacher tragen oftmals das Trikot mit der ➔ Rückennummer 10.

Der Portugiese Rui Costa ist einer der klassischen Spielmacher des Fußballs, bezeichnenderweise trägt er das Trikot mit der Nummer 10.

Spielplan: Vom ➔ DFB festgesetzte Termine für alle Begegnungen einer Bundesligasaison. Im Spielplan ist festgelegt, welche Mannschaft wann gegen wen und wo antritt.

Spielregeln: 17 Punkte umfasst das offizielle Fußballregelwerk der ➔ FIFA, das in 205 Ländern der Erde Gültigkeit hat. In den Spielregeln steht alles Maßgebliche zu folgenden Themen:

1. → Spielfeld
2. → Ball
3. Zahl der → Spieler
4. → Ausrüstung der Spieler
5. → Schiedsrichter
6. → Schiedsricherassistenten
7. → Spielzeit
8. → Anstoß
9. → Aus
10. Wie ein → Tor erzielt wird
11. → Abseits
12. → Verbotenes Spiel und unsportliches Betragen
13. → Freistoß
14. → Strafstoß
15. → Einwurf
16. → Abstoß
17. → Ecke

Spielsysteme → S. 156.

Spieltag: Einheit des → Spielplans. Ein Spieltag kann sich über mehrere Tage erstrecken und ist erst beendet, wenn alle Spiele einer Stufe des Spielplans absolviert wurden. Zwar werden z. B. die meisten Partien der 1. Bundesliga am Samstag gespielt, aber auch die Sonntagsspiele werden noch zum selben Spieltag gerechnet, und auch ein Nachholspiel, dass erst Wochen später stattfinden kann, gehört immer noch zu dem Spieltag, für den es ursprünglich angesetzt war. Der 17. Spieltag einer Spielklasse ist also erst beendet, wenn alle Mannschaften das ursprünglich angesetzte 17. Ligaspiel der Saison ausgetragen haben. Gegen Ende der Saison wird versucht, alle Spiele eines Spieltags auch tasächlich zur gleichen Zeit stattfinden zu lassen, damit keine Mannschaft im Abstiegskampf oder Kampf um die Meisterschaft Vorteile aus einem schon vom Vortag bekannten Ergebnis ziehen kann.

Wer versteckt sich hinter diesen Spitznamen?

Basti Fantasti	Sebastian Deisler
Kugelblitz	Ailton
Titan	Oliver Kahn
Phantom	Marek Mintal
Pizza	Claudio Pizzaro
Zecke	Andreas Neuendorf
Kaiser	Franz Beckenbauer
Tante Käthe	Rudi Völler
König	Johan Cruyff
Motzki	Matthias Sammer
Quälix	Wolfgang »Felix« Magath
Terrier	Berti Vogts

Spielunterbrechung: Wenn unvorhergesehene Ereignisse eintreten, die den Spielverlauf beeinträchtigen, kann der → Schiedsrichter das Spiel unterbrechen. Dies können Witterungseinflüsse, technische Beeinflussungen (Flutlichtausfall, Defekt am Tor) oder Ausschreitungen von Spielern oder dem Publikum sein. Der Schiedsrichter entscheidet auch, ob das Spiel in angemessener Zeit unter ordnungsgemäßen Bedingungen fortgesetzt werden kann oder ein → Spielabbruch erfolgt.

Spielzeit: Der vielfältig gebrauchte Begriff bezeichnet einmal die reguläre 90-minütige Spieldauer eines Fußballspiels. Außerdem wird der Begriff auch für die Festlegung eines bestimmten Zeitpunkts im Spiel verwendet, wenn man z. B. sagt, »das Tor fiel nach einer Spielzeit von 23 Minuten«. Ferner wird manchmal auch eine ➔ Saison Spielzeit genannt.

Spielzug: Spielkombination, an der mehrere Spieler einer Mannschaft beteiligt sind.

Spitzenreiter: Mannschaft, die in einem Turnierverlauf oder in einer ➔ Tabelle den ersten Platz einnimmt.

Spitznamen ➔ Wer versteckt sich hinter diesen Spitznamen?

Sponsor: Werbepartner eines Teams, der Geld für Veranstaltungen, Trikots, Fahrzeuge und Ähnliches zur Verfügung stellt und im Gegenzug mit seinem Namen oder Logo auf Trikots oder Banden abgedruckt ist. Nach großen Firmen, die lange Zeit viel Geld in einen Verein investieren, werden inzwischen sogar manche Fußballstadien benannt.

Stadion: Fußballblatz mit Tribünen, auf denen mindestens 5000 Zuschauer auf Sitz- oder Stehplätzen Platz haben. Für Mannschaften, ➔ Trainer und ➔ Schiedsrichter müssen Umkleideräume, sanitäre Einrichtungen und medizinische Notfallräume zur Verfügung stehen. In größeren Stadien gibt es zusätzlich Räume für die Stadiontechnik, Anzeigetafeln und Kabinen und technische Ausrüstung für Stadionsprecher sowie Radio- oder Fernsehübertragungen. Heutzutage verfügen darüber hinaus alle Stadien über eine Flutlichtanlage, damit auch abends oder bei trübem Licht gespielt werden kann. Viele Stadien haben eine lange Tradition und für Mannschaften und Fans eine große Bedeutung. Zu den berühmten Stadien gehören das Dortmunder Westfalenstadion, das Old Trafford Stadium im englischen Manchester und das Maracanã-Stadion in Rio de Janeiro in Brasilien.

Stammspieler: Spieler, der eine feste Position in der ➔ Aufstellung besetzt und vom Trainer bei nahezu jedem Spiel eingesetzt wird.

Standardsituation: Spielsituation, die im Spiel wiederholt vorkommt und die von

Fortsetzung auf S. 158

Das umgebaute Berliner Olympiastadion präsentiert sich als richtiges Schmuckkästchen. Hier fand das Endspiel der WM 2006 Italien – Frankreich statt.

Spielsysteme

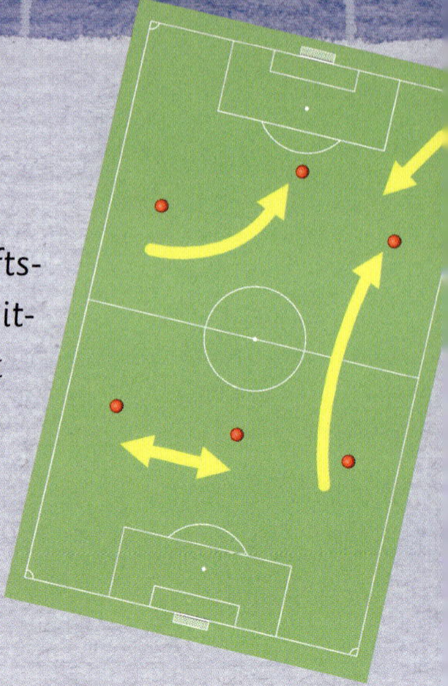

Das Spielsystem beschreibt die Grundform einer Mannschaftsaufstellung. Es legt fest, wie viele Spieler in ➔ Abwehr, ➔ Mittelfeld und ➔ Angriff spielen. Damit spiegelt es die ➔ Taktik des Trainers wider, richtet sich aber auch nach den Stärken einer Mannschaft bzw. der Stärke und Spielweise der Gegner. Während die Spielsysteme früher relativ starr durchgehalten wurden, zeichnet sich der moderne Fußball durch flexibler handelnde Spieler aus.

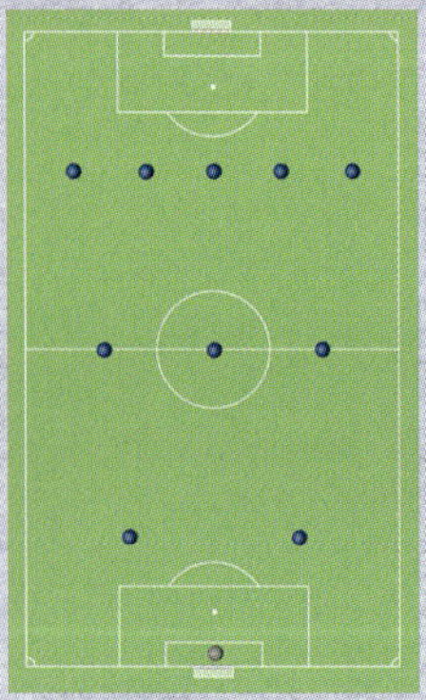

Das 2-3-5-System

An diesem 1877 erfundenen schottischen Spielsystem orientieren sich noch heute die Rückennummern 1 bis 11: Torwart (1), die beiden Verteidiger (2, 3), Mittelfeld (rechter, linker und Mittelläufer, 4 bis 6). Den Sturm bildeten Rechts- (7) und Linksaußen (11), Mittelstürmer (9) und die beiden Halbstürmer (8, 10). Charakteristisch für diese so genannte »schottische Furche« war die starre Aufgabenverteilung. Die Spieler blieben starr auf ihren Positionen, jeder lief auf dem Feld wie in einer eigenen Furche auf und ab.

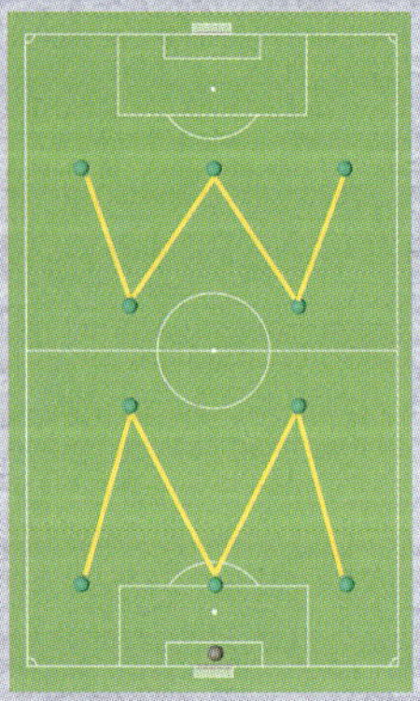

Das 3-4-3-System

In dieser Spielvariante (»WM-System«, in den 1920er Jahren in England entstanden) stehen vor drei Abwehrspielern vier Spieler im Mittelfeld. Sie bilden allerdings keine Viererkette, sondern das so genannte »magische Viereck«. Der Mittelläufer übernahm eine Aufgabe als Stopper, d. h. er war nicht mehr vorwiegend offensiv orientiert, sondern sicherte den Raum gegen Angriffe ab. Mit diesem System konnten auch gegnerische Spieler durch Manndeckung bewacht werden.

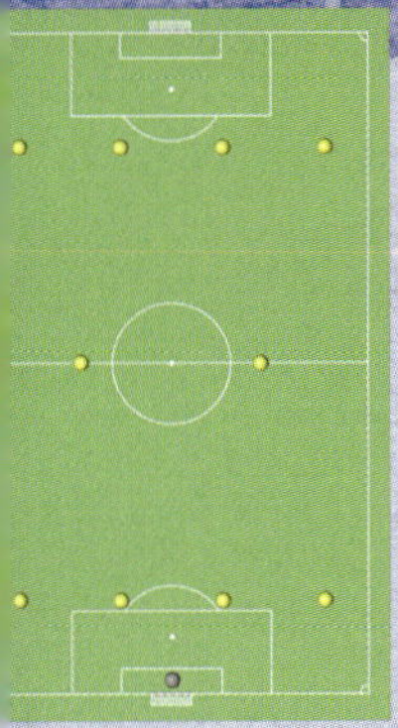

Das 4-2-4-System
1958 wurde die brasilianische Nationalmannschaft unter dem Trainer V. Feola mit diesem System FIFA Fussball-Weltmeister. Das System gehört bereits zu den modernen Spielvarianten, da sich die beiden Mittelfeldspieler je
ch Spielsituation in den Angriff oder die Abwehr
ıschalten konnten. Sie sind entscheidend daran
teiligt, das Spiel zu gestalten.

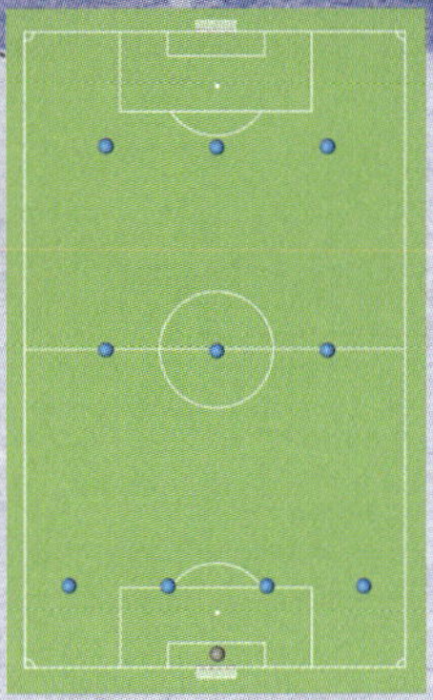

Das 4-3-3-System
Da die englische Nationalmannschaft mit diesem System 1966 Weltmeister wurde, nennt man es auch »englisches System«. Es kommt ohne Außenstürmer aus und setzt in der Abwehr auf den Vorstopper oder »Ausputzer«, der vor der Viererkette spielte. Er organisierte die Abwehr, ging aber auch offensiv nach vorn.

3-5-2-System
Dieses System (auch 3-3-2-2) baut auf eine flexible Verteidigung. Es geht aus einer Fünferkette in der Abwehr hervor. Zwei der Verteidiger rücken ins Mittelfeld vor und übernehmen dort offensive Aufgaben, damit ist ihr Laufpensum etwas reduziert. Bei den FIFA Weltmeisterschaften 1994 und 2002 spielte Brasilien nach diesem System.

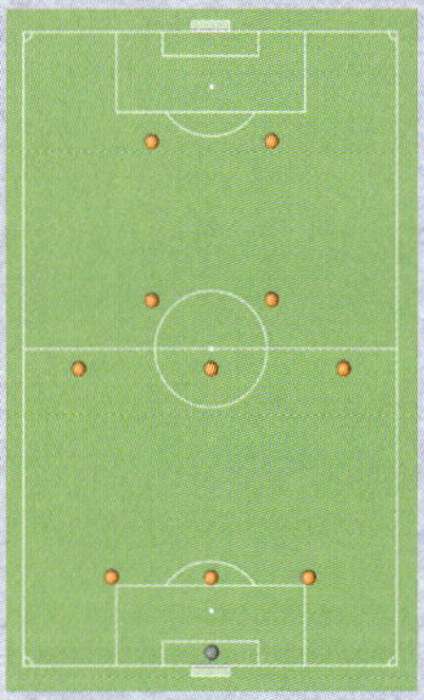

4-5-1-System
Dieses System baut auf eine starke Verteidigung mit nur einer Sturmspitze. In etwas abgewandelter Form (Libero, Viererkette in der Abwehr, drei Mittelfeld- und zwei Angriffsspieler) war es als »Catenaccio« (»Riegel«) italienischer Mannschaften bekannt.

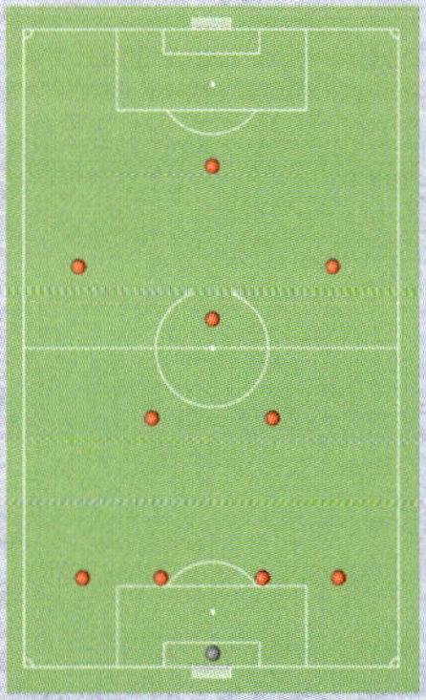

Der moderne Fußball
Obwohl es auch im modernen Fußball taktische Überlegungen gibt, geben Spielsysteme eher einen Rahmen vor, in dem sich die einzelnen Spieler bewegen. Geht es dem Trainer darum, unbedingt eine Niederlage zu vermeiden, wird er auf eine starke Abwehr setzen. Muss die Mannschaft das Spiel um jeden Preis gewinnen, lässt er mit mehreren Sturmspitzen spielen. Letztlich muss jeder Spieler, wenn der Gegner in Ballbesitz ist, auf Verteidigung umschalten. Bietet sich eine gute Gelegenheit, wie eine offene Gasse, wird dagegen auch ein Verteidiger nach vorne vorstoßen. Zu dieser Offenheit in der Taktik gehört auch, dass Mittelfeldspieler relativ früh die Ballannahme des Gegners stören, einen eigenen Angriff aufbauen oder sich zur Raumdeckung in die eigene Hälfte zurückziehen.

4-4-2-System
Dieses System ist im
odernen Fußball weit
eitet. Die beiden Sturm-
en werden von den Spie-
der beiden Viererketten
rstützt, die sich aktiv in
ı Angriff einschalten kön-
Es wird von Trainern ein-
tzt, die auf Nummer
r gehen wollen und auf
bei Kontern hoffen.

einem → ruhenden Ball ausgeht. → Freistoß, → Eckball, → Strafstoß oder → Einwurf sind solche Situationen. Weil man den Ball unbehindert und mit einer relativ langen Vorbereitungszeit spielen kann, können sich aus ihnen gute Torchancen ergeben.

Ein Freistoß wie dieser ist eine Standardsituation, die häufig zu einem Tor führt.

Standbein: im Gegensatz zum → Spielbein das Bein, mit dem der Spieler nicht den Ball spielt, sondern fest auf der Erde steht.

Staubsauger: defensiver → Mittelfeldspieler, der vor der eigenen Abwehrkette spielt. Er soll sozusagen alle gegnerischen Angriffe »aufsaugen« und dafür sorgen, dass es vor dem eigenen → Strafraum »sauber« bleibt. In England wird dieser Spieler auch »Sweeper« (= Feger) genannt.

Steilpass: weiter Pass hinter die gegnerische Abwehr, der von einem Mitspieler erlaufen werden soll.

Stellungsspiel: die Verteilung der Spieler auf dem Platz. Das → Spiel ohne Ball, also die kluge Stellung der Spieler in jeder Spielsituation, ist genauso wichtig für den Spielerfolg wie das Spiel mit dem Ball.

Stockfehler: Begriff aus den Hockeysportarten, der einen Fehler in der Handhabung des Schlägers beschreibt. Beim Fußball bezeichnet man so Fehler bei der Ballannahme und -führung.

Stollen: in die Schuhsohle des Fußballschuhs einschraubbare Noppen, die die Standfestigkeit des Spielers auf rutschigem Untergrund erhöhen.

stoppen: den rollenden oder fliegenden Ball kontrolliert anhalten.

stören: den Gegenspieler daran hindern, seine Pläne umzusetzen.

Stoßarten ➔ S. 160.

Strafraum: Der Strafraum beginnt rechts und links 16,5 Meter neben dem Tor auf der Torauslinie, gemessen von den Innenpfosten, und 16,5 Meter vor dem Tor, parallel zur ➔ Torlinie. Der Strafraum ist also 40,32 Meter breit und 16,5 Meter tief. Vergehen, die sich innerhalb des Strafraums abspielen und auf dem übrigen Feld einen direkten ➔ Freistoß zur Folge hätten, werden mit einem ➔ Elfmeter geahndet.

Strafstoß ➔ Elfmeter.

Streich, Joachim: Der ehemalige DDR-Stürmer war mit 229 Treffern in 378 Spielen der torgefährlichste Spieler in der höchsten Spielklasse seines Landes. Streich spielte in seiner langen Karriere, nach der er noch einige Jahre als Vereinstrainer arbeitete, auch 98-mal für die Nationalmannschaft der DDR.
GEBOREN: 13. 4. 1951 in Wismar
SPIELPOSITION: Angriff
VEREINE: Aufbau Wismar, TSG Wismar, FC Hansa Rostock, 1. FC Magdeburg

DDR-Stürmer Joachim Streich erzielt bei der FIFA WM 1974 im zweiten Finalrundenspiel den 1:0-Führungstreffer gegen Argentinien.

GRÖSSTE ERFOLGE: DDR-Pokalsieger mit dem 1. FC Magdeburg (1978, 1979, 1983)

Stürmer: Angriffspieler, die den vordersten Mannschaftsteil bilden. Ihre Aufgabe ist es, Tore zu schießen. Heute wird meist mit zwei oder drei Stürmern gespielt, zwei ➔ Außenstürmern und einem Mittelstürmer dazwischen oder einer Doppelspitze. Gute Stürmer sind schnell, trickreich, können sich in Zweikämpfen durchsetzen und wechseln ständig ihre Positionen. Sie ahnen Torsituationen voraus und sind zur Stelle, um Torchancen zu verwerten. Angriffspieler sollten nicht nur zielsicher schießen können, sondern auch kopfballstark sein.

Stoßarten: So wird richtig geschossen!

Gute Fußballspieler beherrschen den Ball mit dem Fuß perfekt. Sie führen ihn im Lauf mit sich, schießen ihn nach der Ballannahme aufs Tor, passen ihn zu einem Mitspieler oder schlagen ihn bei der Abwehr weit über das Feld oder ins Seitenaus. Je nach Situation muss der Ball mit verschiedenen Zonen des Fußes getroffen werden, damit der Spieler sein Ziel erreicht.

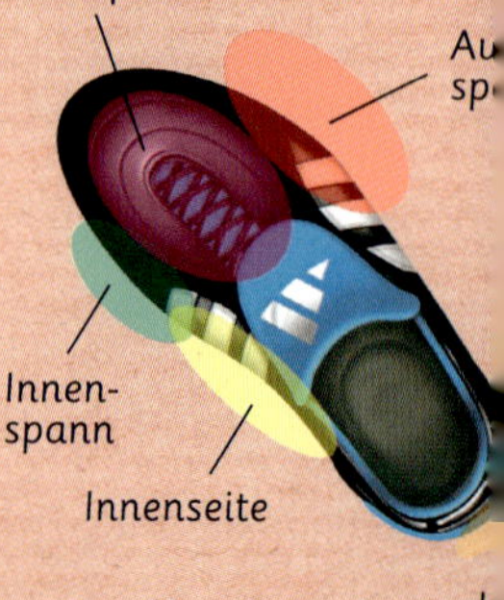

Was trifft den Ball?

Am schlechtesten lässt sich der Fußball mit der Fußspitze beherrschen. Sie wird daher nur benutzt, wenn der Ball anders nicht erreicht wird. Die Oberseite des Fußes, der ➔ Spann, wird für harte Schüsse gebraucht. Die Flugbahn des Balles und die Art des Schusses unterscheiden sich, je nachdem ob er mehr mit der inneren oder äußeren Seite des Spanns getroffen wird. Für kurze Pässe oder zum Dribbeln ist die innere Seite des Fußes besser geeignet. Mit der ➔ Hacke lässt sich der Ball nach hinten passen. Diesen Hackentrick beherrschen nur sehr gute Fußballspieler, denn er erfordert viel Übung.

Harte Innenspannstöße geben dem Ball eine leichte Drehung.

Der Schuss mit dem Spann

Mit dem Vollspannstoß wird der Fußball weit und gezielt geschossen, beispielsweise bei Torschüssen, Freistößen oder weiten Pässen. Dabei trifft die flache Oberseite des Fußes auf die Mitte des Fußballs und schießt ihn in gerader Linie nach

Der Vollspannstoß ist die härteste und präziseste Schusstechnik.

vorn. Das Standbein steht möglichst nahe neben dem Ball. Man holt mit dem ➔ Spielbein (Schussbein) aus und schwingt es kräftig auf den Ball zu. Die Oberseite des Fußes bildet eine gerade Linie mit dem Unterschenkel und die Fußspitze zeigt zum Boden, der Fuß ist im Fußgelenk starr. Der Körper ist aufrecht und leicht über den Ball geneigt.
Wird der Ball mit der inneren Seite des Spanns getroffen (Innenspannstoß), fliegt der Fußball ebenfalls mit voller Wucht und damit sehr weit. Er fliegt allerdings nicht in gerader Linie vom Spann ab, sondern etwas zur Seite des Körpers hin und bekommt eine leichte Drehung. Innenspannstöße sind gut für Eckbälle, direkte Torschüsse und Freistöße, aber auch für weite Flanken und gezieltes Abspiel geeignet. Beim Schuss ist der Fuß wieder im Gelenk fixiert und bildet eine gerade Linie mit dem Unterschenkel, der Körper ist etwas stärker zur Seite hin (vom Ball weg) geneigt.
Besonders schwer ist der Außenspannstoß zu erlernen. Dabei bekommt der Ball eine sehr starke Drehung und kann sogar in einer leichten Kurve fliegen. Er fliegt vom Spann nach außen (vom Körper weg). Solche Effetbälle lassen sich schwer einschätzen und sind für Freistöße, Torschüsse (auch Elfmeter) oder Pässe geeignet, weil sie vom Gegner nicht gut eingeschätzt werden können. Sowohl beim Innen- wie beim Außenspannstoß muss das Standbein etwas hinter dem Ball stehen, damit der Ball frei fliegen kann.

Außenspannstöße erfordern viel Übung, weil der Fußball in unkontrollierbare Drehung versetzt wird. Sie sind allerdings für den Gegner häufig sehr überraschend.

Den Innenseitstoß wenden Spieler an, die den Fußball auf kurze Entfernung zu einem Mitspieler passen. Er wird auch bei indirekten Freistößen benutzt, um den Ball sehr kurz in die Schussbahn eines Mitspielers zu passen.

Innenseitstoß

Bei dieser Schusstechnik bekommt der Fußball zwar keine große Geschwindigkeit, lässt sich aber auf kurze Entfernungen sehr gezielt spielen, z. B. als Kurzpass zu einem Mitspieler. Der Ball liegt neben dem Standbein und das Spielbein wird mit angewinkeltem Knie nach hinten bewegt. Anders als beim Spannstoß wird der Fuß aber im Gelenk angewinkelt und starr gehalten, die Ferse zeigt nach unten. Der Ball wird mit der ganzen Innenseite des Fußes getroffen. Nach dem Schuss bewegt sich das Spielbein in der Schussrichtung weiter: Trainer sagen, es muss durchschwingen.

Übung macht den Meister!

Die meisten Schusstechniken lassen sich zwar schnell erlernen, ein wirklich guter Spieler muss aber sehr viel üben. Du kannst dir beispielsweise Ziele markieren und sie mit den unterschiedlichen Schusstechniken zu treffen versuchen. Am besten aber übst du mit einem Freund zusammen, wie man schießt und Pässe schlägt.

Schützen der Tore des Jahres

1987	Jürgen Klinsmann
1988	Jürgen Wegmann
1989	Klaus Augenthaler (auch Tor des Jahrzehnts, Tor des Vierteljahrhunderts)
1990	Andreas Brehme
1991	Andreas Müller
1992	Lothar Matthäus
1993	Jay Jay Okocha
1994	Bernd Schuster
1995	Jean-Pierre Papin
1996	Oliver Bierhoff
1997	Lars Ricken
1998	Stephen Kuhnert
1999	Giovane Elber
2000	Alex Alves
2001	Kurt Meyer
2002	Benjamin Lauth
2003	Nia Künzer
2004	Klemen Lavric
2005	Kasper Bögelund

Tor des Jahres: Die Auszeichnung wird seit 1971 vom Fernsehsender ARD vergeben. Gewählt wird das Tor des Jahres von den Fernsehzuschauern. Besonders spektakulär ausgeführte Treffer, aber auch bedeutsame Tore haben die besten Chancen, Tor des Jahres zu werden. So wurde das Elfmetertor zum WM-Sieg 1990 von Andreas Brehme ebenso Tor des Jahres wie der Treffer von Klemen Lavric für Dynamo ➔ Dresden im Jahr 2004, der den Ball nach einem Abpraller aus zwölf Metern Entfernung quer in der Luft liegend ins gegnerische Tor beförderte.

Tor des Monats: Seit 1971 wird von den Zuschauern der ARD-Sportschau das schönste Fußballtor des vergangenen Monats gewählt. Am häufigsten ausgezeichnet wurde bisher Jürgen ➔ Klinsmann, der in seiner Zeit als aktiver Spieler zwischen 1986 und 1999 siebenmal das Tor des Monats erzielte. Die Torschusskünste von Klaus Fischer wurden fast 28 Jahre nach seinem ersten Tor des Monats zum sechsten Mal ausgezeichnet: Den ➔ Fallrückzieher des 53-Jährigen bei einem Spiel der Altstars von FC Bayern München und 1860 München in der neuen Allianz Arena wählten die Zuschauer zum Tor des Monats. Jungstar Lukas ➔ Podolski dagegen schoss alle seine bisher sechs Tore des Monats in den Jahren 2004 und 2005.

Torauslinie: die Linie, die das Spielfeld an der Stirnseite begrenzt. Zwischen den Pfosten, im Tor, wird sie zur Torlinie.

Torhüter ➔ S. 167.

Torjäger: Spieler, die über lange Zeit sehr erfolgreich beim Toreschießen sind.

Torlinie: der Teil der ➔ Torauslinie, der im Tor von einem Pfosten zum anderen verläuft. Diese Linie muss der Ball mit seinem ganzen Umfang überschreiten, damit ein Tor erzielt wird.

Torraum: Mit Linien abgegrenzter rechteckiger Raum vor dem Tor. Der Torraum

Fortsetzung auf S. 168

Am sichersten fängt man Bälle mit den Händen in W-Form: Handflächen und Daumen formen ein W und federn so auch starke Schüsse ab.

Der Torhüter

Der Torhüter muss sich in der Farbe seiner Kleidung deutlich von den Feldspielern und dem Schiedsrichter unterscheiden. Er darf als einziger Spieler den Ball während des Spiels mit den Händen berühren – allerdings nur innerhalb des Strafraumes. Außerdem ist es ihm erlaubt, sich auf den Ball zu legen und diesen vom Gegner abzuschirmen.

Rechte und Sonderrechte
Innerhalb des ➔ Torraumes darf der Torhüter nicht angegriffen werden, wenn er nach dem Ball springt oder ihn bereits unter Kontrolle hat. Allerdings darf er den Ball im Spiel nicht länger als sechs Sekunden festhalten, sonst gibt es einen indirekten ➔ Freistoß für die angreifende Mannschaft. Hat ein Angreifer den Ball über die ➔ Torauslinie geschossen, führt der Torhüter einen Abstoß ins Feld aus.

Stellungsspiel
Ein guter Torhüter wartet nicht nur auf den Ball, sondern bringt sich selbst und seine Abwehrspieler in die beste Position, um einen Angriff abzuwehren. Er muss Lücken in der Abwehr erkennen oder sofort sehen, wenn sich ein Stürmer freiläuft. Vor allem bei ➔ Standardsituationen, wie Freistößen oder ➔ Eckbällen, baut er die Verteidiger so auf, dass die torgefährlichen Stürmer möglichst gedeckt sind. Bei direkten Freistößen vor dem Tor dirigiert er den Aufbau der ➔ Mauer und macht deutlich, welchen Bereich des Tores er abdecken wird.

Bälle, die ein Torhüter nicht sicher fangen kann, stößt er mit geballten Fäusten vom Tor weg. Eine solche Faustabwehr sollte möglichst nicht beim Gegner landen.

Manchmal kann es auch für einen Torhüter oder eine Torhüterin nötig sein, einen Ball mit dem Fuß abzuwehren. Außerhalb des Strafraumes muss er/sie sich wie ein normaler Feldspieler verhalten.

Dribbelt ein ungedeckter Stürmer auf das Tor, läuft der Torhüter heraus, um den Schusswinkel zu verkürzen: Der Angreifer kann nur rechts oder links an ihm vorbei ins Tor schießen. Je kürzer der Abstand zwischen Spieler und Torhüter, desto schmaler wird dieser freie Raum.

Ein guter Torhüter muss mutig sein. Wenn er in weitem Sprung vor einen Angreifer hechtet, um den Ball zu fangen, geht er stets das Risiko einer Verletzung ein.

Torhüter als Torschützen

Am 20. 12. 1997 eilte der damalige Torhüter des FC ➔ Schalke 04, Jens ➔ Lehmann, beim Stande von 1 : 2 im ➔ Derby gegen Borussia ➔ Dortmund kurz vor Ende der Partie in den gegnerischen Strafraum und versenkte aus dem Getümmel einen Kopfball im Dortmunder Tor. So erreichte er mit dem ersten Tor eines Torhüters in der Bundesliga aus dem Spiel heraus für sein Team noch ein Unentschieden. Dass Torhüter ➔ Elfmeter verwandeln, ist dagegen nicht so selten. Hans-Jörg Butt hat so für Bayer ➔ Leverkusen und den ➔ Hamburger SV schon mehr als 20 Tore geschossen.

beginnt 5,50 m neben jedem Pfosten (gemessen vom ➔ Innenpfosten) und 5,50 m vor der Tor- bzw. ➔ Torauslinie, ist also 18,32 m breit und 5,5 m tief. In ihm genießt der ➔ Torhüter gewisse Sonderrechte.

Torschützenkönig: Torschützenkönig wird der Spieler, der innerhalb einer Bundesligasaison die meisten Treffer erzielt. Die Auszeichnung wird jedes Jahr von der Zeitschrift »kicker« vergeben. Am erfolgreichsten war bisher Gerd Müller, der den Titel siebenmal gewann. In der Saison 1971/72 erzielte er 40 Tore, das ist bis heute Rekord. Torschützenkönig der Saison 2006/06 war Miroslav ➔ Klose von Werder ➔ Bremen mit 24 Treffern.

Torwart ➔ Torhüter.

Torwarttrikot: Da ein Torhüter gewisse Sonderrechte im Spiel hat, muss sich das Trikot des Torhüters farblich von dem seiner Mitspieler abheben, damit er für andere Spieler und den Schiedsrichter leicht von den Feldspielern unterschieden werden kann.

Tottenham Hotspur F.C.: Der Fußballverein aus dem Norden Londons, dessen Name »Heißsporn« bedeutet, ist der langjährige Rivale von Arsenal ➔ London. »The Spurs« (»die Sporen«), wie der Verein meist genannt wird, gelang es 1961 als erster Mannschaft im 20. Jahrhundert, das Double aus Pokal und Meisterschaft in England zu gewinnen. Obwohl der Verein noch immer zu den bedeutendsten der britischen Insel zählt, konnten in den letzten Jahren keine wichtigen sportlichen Erfolge mehr errungen werden. Tottenham gewann einmal den Pokal der Pokalsieger und zweimal den UEFA-Pokal, der letzte internationale Titel stammt aber bereits aus dem Jahr 1984.
GEGRÜNDET: 5. 9. 1882
STADION: White Hart Lane, 36 214 Zuschauerplätze
INTERNET: www.spurs.co.uk

Trainer: Lehrer und Betreuer der Mannschaft. Er bestimmt vor einem Spiel die ➔ Aufstellung und die ➔ Taktik und leitet das tägliche Training. Ein Trainer hat eine vom ➔ DFB anerkannte Prüfung bestanden und so eine spezielle Trainer-Lizenz erlangt. Ein ➔ Teamchef nimmt die gleichen Aufgaben wahr, ohne jedoch diese Lizenz zu haben.

Joachim Löw war von 2004 – 2006 Trainerassistent von Jürgen Klinsmann bei der deutschen Nationalmannschaft, ehe er nach dessen Rücktritt selbst Bundestrainer wurde.

Trainerassistent: ein Mitarbeiter des Trainers, der auch Co-Trainer genannt wird und den ➔ Trainer bei seiner täglichen Arbeit unterstützt und berät. Er arbeitet oft in Spezialbereichen wie zum Beispiel dem Konditionstraining.

Trainerkarussell: Bezeichnung für das häufige Austauschen von erfolglosen Trainern im Verlauf der Saison. Oftmals wird dabei ein entlassener Trainer bald darauf von einem Ligakonkurrenten wieder eingestellt, der selbst eben erst seinen Trainer entlassen hat, welcher kurze Zeit später wieder von einem anderen Verein der Liga engagiert wird ... Dabei entsteht manchmal der Eindruck, die Trainer würden wie auf einem Karussell einmal rund durch die Liga wandern.

Training: Übungseinheit zur Verbesserung von Ausdauer, ➔ Technik, ➔ Taktik und Abstimmung der Spieler untereinander.

Transfer: Wechsel eines Spielers zu einem anderen Verein.

Transferliste: In der Transferliste veröffentlicht die Deutsche Fußball-Liga (➔ DFL) die Vereinswechsel von Spielern. Sie gilt nur für ➔ Profis mit ➔ Lizenz. Die Spielerlaubnis für den neuen Verein erhalten nur Spieler, deren Wechsel in der Transferliste bekannt gegeben worden ist.

Transfersumme ➔ Ablösesumme.

Tribüne: Zuschauersitzplätze im Stadion.

Die Tribüne des neu erbauten Borussia-Parks in Mönchengladbach. Ausverkaufte Ränge sorgen für die nötige Stadionatmosphäre.

Der UEFA-Cup

Der UEFA-Pokal ist 65 cm hoch und wiegt 15 kg. Der Sieger darf eine Nachbildung behalten, deren Größe vier Fünftel der Originalgröße betragen darf.

Während die europäischen Landesmeister an der → Champions League teilnehmen, sind die in der → Tabelle nachfolgenden Mannschaften für den UEFA-Cup oder UEFA-Pokal (früher »Internationaler Messepokal«) qualifiziert. Aus jedem Land darf eine unterschiedliche Zahl von Mannschaften teilnehmen (UEFA Fünf-Jahres-Wertung). Damit spiegelt die Zahl der am Pokal teilnehmenden Mannschaften ziemlich gut die Spielstärke eines Landes wider.

Schalker Spieler bejubeln den Gewinn des UEFA-Cups 1997.

Verzwickte Teilnahmeregeln

Die UEFA vergibt Länderpunkte für die erfolgreiche Teilnahme an der Champions League und dem UEFA-Cup der vergangenen fünf Jahre. Daraus errechnet sich die Zahl der Mannschaften, die an der Champions League und dem UEFA-Cup teilnehmen dürfen. Aus Deutschland nehmen beispielsweise der Landesmeister (2006: FC → Bayern München) und der Vizemeister (SV Werder → Bremen) an der Champions League teil. Der Tabellendritte geht in die Qualifikationsrunde für die Champions League und kommt – falls er verliert – in den UEFA-Cup. Der 4. und 5. der Deutschen Tabelle nimmt direkt am UEFA-Cup teil, während sich die Mannschaften auf Platz 6 bis 8 über den UI-Cup (UEFA-Intertoto Cup) noch können. Hinzu kommen die nationalen Pokalsieger und besonders faire Mannschaften. Obwohl ihn manche als »Verlierer-Cup« bezeichnen, ist der UEFA-Cup für die Vereine interessant, weil attraktive Spielpaarungen gegen finanzielle Zuwendungen im Fernsehen übertragen werden.

Spiele und Endspiel

Seit der Saison 2004/05 beginnt der Cup mit insgesamt 80 Vereinsmannschaften und einer K.o.-Runde. Die 40 Siegermannschaften werden in acht Gruppen gelost, die zwei Heimspiele und zwei Auswärtsspiele absolvieren. Die ersten drei aus jeder Gruppe, insgesamt also 24 Teams, kommen weiter. Jetzt stoßen die acht Gruppendritten aus der Champions League dazu. Diese 32 Mannschaften spielen nun im K.o.-System mit Hin- und Rückspiel bis zum Endspiel. Wegen der starken Durchmischung haben auch international wenig erfahrene Mannschaften eine Chance, den Pokal und das hohe Preisgeld zu gewinnen.

Deutsche UEFA-Cup-Gewinner

1974/75	Borussia Mönchengladbach
1978/79	Borussia Mönchengladbach
1979/80	Eintracht Frankfurt
1987/88	Bayer 04 Leverkusen
1995/96	FC Bayern München
1996/97	FC Schalke 04

Die letzten UEFA-Cup-Gewinner

1995/96	FC Bayern München
1996/97	FC Schalke 04
1997/98	Inter Mailand
1998/99	AC Parma
1999/2000	Galatasaray Istanbul
2000/01	FC Liverpool
2001/02	Feyenoord Rotterdam
2002/03	FC Porto
2003/04	FC Valencia
2004/05	ZSKA Moskau
2005/06	FC Sevilla

umschalten: wechseln der Taktik von Angriff auf Abwehr oder umgekehrt, je nachdem, wie es die Spielsituation erfordert.

unentschieden: Erzielen beide Mannschaften keine oder gleich viele Tore, dann gibt es keinen Sieger. Das Spiel endet unentschieden oder »remis«.

Unparteiischer → Schiedsrichter.

Unterbrechung → Spielunterbrechung.

Unterhaching, SpVgg: Unterhaching ist ein Verein aus einem Vorort von München, dem es 1999 gelang, in die 1. Bundesliga aufzusteigen und sich dort zwei Spielzeiten zu halten. Danach folgte wieder ein Absturz bis in die Regionalliga und der erneute Aufstieg in die 2. Bundesliga. Die Saison 2005/06 beschloss die Spielvereinigung auf dem 14. Tabellenplatz der 2. Bundesliga.

Gegründet: 1. 1. 1925

Stadion: Generali Sportpark, 15 053 Zuschauerplätze

Internet: www.spvgg-unterhaching.de

Unterzahlspiel: Wenn ein Spieler mit der → Roten Karte vom Platz gestellt wird, muss seine Mannschaft mit zehn Spielern weiterspielen. Im Verhältnis zum gegnerischen Team, das noch alle Spieler auf dem Platz hat, ist sie in Unterzahl. Eine kurzzeitige Unterzahlsituation im Spiel kann auch entstehen, wenn bei einem Angriff des Gegners nicht alle Verteidiger schnell genug nach hinten geeilt sind und dadurch nur wenige Abwehrspieler deutlich mehr Stürmern gegenüberstehen.

USA: Neben dem American Football, Baseball und Basketball war Fußball in den USA lange Zeit völlig bedeutungslos. Eine in den Jahren nach 1970 eingerichtete Fußball-Profiliga hatte keinen Bestand. 1994 wurde eine FIFA WM in den USA ausgetragen. 1996 begann erneut der Spielbetrieb einer Profiliga. Bei der FIFA WM 2002 gelang der US-amerikanischen Nationalmannschaft der Einzug ins Viertelfinale. Die US-amerikanische Frauennationalmannschaft gewann 1991 die zum ersten Mal ausgetragene Weltmeisterschaft der Frauen und wiederholte den Erfolg im Jahr 1999.

V

Valencia, FC: der spanische Fußballverein »Valencia Club de Fútbol« gehört mit jeweils sechs spanischen Meister- und Pokaltiteln zu den ernst zu nehmenden Gegnern für die spanischen Spitzenclubs FC ➔ Barcelona oder ➔ Real Madrid. International konnte Valencia einmal den Europapokal der Pokalsieger und bereits dreimal den UEFA-Cup gewinnen.
GEGRÜNDET: 18. 3. 1919
STADION: Estadio Mestalla, 53 939 Zuschauerplätze
INTERNET: www.valenciacf.es

verbotenes Spiel: regelwidriges Verhalten, bei dem ein Spieler den Gegner tritt, ein Bein stellt, schlägt oder dieses versucht. Auch anspringen, rempeln und stoßen mit unverhältnismäßig starkem Körpereinsatz, fahrlässig oder rücksichtslos ist verbotenes Spiel, das der Schiedsrichter mit einem direkten ➔ Freistoß ahnden kann.

verdeckter Schuss: Ball, auf den der Torwart keine freie Sicht hat, weil dessen Flugbahn ganz oder zum Teil von vor ihm stehenden Spielern verdeckt ist.

Verein: Organisation, zu der sich Menschen mit gemeinsamen Interessen zusammenschließen. In der Satzung des Vereins werden Grundlagen, Ziele und Aufgaben festgesetzt. Für Fußballvereine gelten als verbindliche Grundlagen Gemeinnützigkeit, sportliche ➔ Fairness und die Anerkennung der Regeln des Sports.

Was bedeuten die Vereinsnamen?

Sehr oft heißen Fußballvereine »FC« oder »1. FC«. Das bedeutet einfach nur, »Fußball-Club«, und das »1.« soll zeigen, dass der Verein der erste am Ort gegründete war. Zahlen wie bei »Hannover 96« oder »Mainz 05« zeigen das Jahr an, in dem der Verein gegründet wurde, also 1896 oder 1905. Das Wort »Borussia« ist die lateinische Bezeichnung für Preußen. Viele Fußballvereine gaben sich diese Bezeichnung, manchmal auch auf Deutsch wie »Preußen Münster«. Recht häufig sind auch noch »TSV«, was »Turn- und Sportverein« bedeutet, oder »VfL«, was ein wenig altmodisch ein »Verein für Leibesübungen« ist. Bezeichnungen wie »Sportfreunde« sind leicht verständlich, und auch bei Mannschaften wie »Bayer Leverkusen« oder »Bayer Uerdingen«, die als Werksmannschaften der Firma Bayer gegründet wurden, ist die Herkunft der Namen klar. Manchmal gibt es aber auch ungewöhnliche Namen wie »Hertha« oder »Werder«. Ersteres war ein Flussdampfer in Berlin zu der Zeit, als dieser Berliner Verein gegründet wurde, Letzteres ist eine Flussinsel oder Uferanschwemmung, auf der die Bremer Spieler anfangs kickten und auf der heute noch das Weserstadion steht.

verkürzen: Erzielt eine Mannschaft, die im Rückstand ist, einen Treffer, verkürzt sie den Torabstand zum führenden Gegner.

verlängern: Der Ball wird direkt weitergeleitet, ohne seine Richtung zu ändern.

Verlängerung: Steht es bei einem Spiel, das im ➔ K.o.-System ausgetragen wird, nach der regulären ➔ Spielzeit ➔ unentschieden, wird das Spiel um zweimal 15 Minuten verlängert. Nach den ersten 15 Minuten werden die Seiten ohne weitere Pause gewechselt.

Verpflichtung: Erhält ein Spieler oder Trainer einen Vertrag bei einem Verein, sagt man, der Verein habe ihn »verpflichtet«.

verstecktes Foul: unfairer Angriff auf den Gegner, so dass der ➔ Schiedsrichter nichts davon bemerkt. Meist geschieht das versteckte Foul nicht im Kampf um den Ball, der ja in der Regel unter den Augen des Schiedsrichters stattfindet, sondern irgendwo anders auf dem Platz, im Rücken des Schiedsrichters.

Verteidiger: Die Verteidiger, die man auch Abwehrspieler nennt, bilden den Teil der Mannschaft, der verhindern soll, dass der Gegner Tore erzielt. Verteidiger müssen körperlich robust und zweikampfstark sein, damit sie den gegnerischen Stürmern den Ball abnehmen können. Haben die Verteidiger einen Angriff gestoppt und den Ball unter Kontrolle gebracht, leiten sie den Gegenangriff ein. Manchmal nehmen die Verteidiger besonders gefährliche Stürmer des Gegners in enge ➔ Manndeckung.

Verteidiger Christoph Metzelder (links) erobert den Ball für die deutsche Nationalmannschaft vom Kolumbianer Jose Moreno.

Vertrag: Ein Spieler unterzeichnet bei seinem Verein einen Vertrag, der für beide Seiten die Bedingungen der Anstellung festlegt. Für die Dauer des Vertrages sind Spieler und Verein an die darin aufgeführten Bedingungen gebunden.

verwandeln: ein Tor erzielen. Die Möglichkeit eines Tores wird in den tatsächlichen Erfolg verwandelt.

Verwarnung: Disziplinarmaßnahme gegenüber einem Spieler, Ersatzspieler oder aus-

Völler und das Lama

Spiele zwischen der deutschen und der niederländischen Nationalmannschaft finden spätestens seit der FIFA WM 1974 in Deutschland, in der die Niederländer als beste Mannschaft des Turniers das Endspiel gegen die Deutschen verloren, oftmals in einer sehr aufgeheizten Atmosphäre statt. Da die Niederländer, obwohl immer wieder als spielerisch stärker angesehen, meist den Kürzeren zogen und sich damit auch den Spott der deutschen Fans und Medien einhandelten, reagierten sie

gelegentlich mit äußerst unsportlichen Einlagen. Einer der Höhepunkte war die so genannte Lama-Affäre bei der FIFA WM 1990 in Italien, bei der der Niederländer Frank Rijkaard im Spiel Rudi ➔ Völler bespuckte.

Vereine: TSV 1860 Hanau, Kickers Offenbach, TSV 1860 München, SV Werder Bremen, AS Rom, Olympique Marseille, Bayer 04 Leverkusen
Grösste Erfolge: Französischer Meister mit Olympique Marseille (1993); Italienischer Pokalsieger mit AS Rom (1991); Champions-League-Sieger mit Olympique Marseille (1993); Weltmeister mit Deutschland (1990)

volley: Der Ball wird aus der Luft gespielt, bevor er den Boden berührt. Ohne vorherige ➔ Ballannahme erfolgt der direkte Schuss des anfliegenden Balles.

Vollspannstoß: Schuss, bei dem der Ball mit dem vollen Spann getroffen wird.

Vorlage: letzte Ballabgabe zu einem Mitspieler, bevor dieser einen Torschuss abgibt.

Hans Georg »Katsche« Schwarzenbeck (links) war in den 1970er Jahren ein gefürchteter Vorstopper beim FC Bayern München und in der deutschen Nationalmannschaft.

Vorrunde: Qualifikationsrunde für ein Turnier. In einer solchen Vorrunde spielen zum Beispiel die Verbände der verschiedenen Erdteile aus, welche Nationalmannschaften an einer FIFA WM-Endrunde teilnehmen dürfen.

Vorstopper: Der Vorstopper war der Spieler, der bei früheren taktischen ➔ Spielsystemen die Aufgabe hatte, den Mittelstürmer der gegnerischen Mannschaft abzuschirmen. In Deutschland hat in den 1990er Jahren Jürgen ➔ Kohler diese Spielposition geprägt. Ein Vorstopper musste kopfball- und zweikampfstark sein, um dribbelnde Stürmer vom Ball zu trennen. Trotz ihres oftmals beschränkten technischen Könnens waren Spieler vom Typ eines Vorstoppers beim Publikum wegen ihrer Kampfstärke sehr populär. Beim heute hauptsächlich verwendeten Abwehrsystem der ➔ Viererkette gibt es die Position des Vorstoppers nicht mehr.

Vorteilsregel: Wenn ein Spieler gefoult wird und es trotzdem noch schafft, eine Erfolg versprechende Aktion für seine Mannschaft einzuleiten, kann der Schiedsrichter auf Vorteil entscheiden. Das heißt, er verzichtet vorerst auf die Bestrafung des Vergehens und lässt das Spiel laufen, um die gefoulte Mannschaft nicht durch eine Spielunterbrechung zu benachteiligen. Erkennt er sehr schnell, dass die Aktion doch zu keinem Erfolg führt, kann er das Spiel trotzdem unterbrechen und das Foul bestrafen.

Wehe, wenn Schwarzenbeck kommt!

Vorstopper oder Ausputzer sind eigentlich dazu da, mit kompromisslosem Einsatz den gegnerischen Stürmern jede Tormöglichkeit zu nehmen. Haben sie den Ball einmal erobert, wird manchem Trainer angst und bange, bis sie den Ball wieder an einen Mitspieler abgegeben haben. Was aber, wenn keine Anspielstation frei ist? Hans Georg »Katsche« Schwarzenbeck, der Schrecken der gegnerischen Stürmer beim FC Bayern ➔ München, löste dieses Problem 1974 auf die denkbar beste Weise. Wenige Sekunden vor Schluss stand es beim Champions-League-Endspiel gegen Atletico Madrid 0:1. Katsche hatte den Ball, aber wusste nicht so recht, was er damit machen sollte. Also schoss er aus 25 Meter Entfernung einfach mal aufs Tor der Madrilenen und erzielte praktisch mit dem Schlusspfiff den Ausgleich. Das damals noch abgehaltene Wiederholungsspiel gewann der FC Bayern dann 4:0.

Walter, Friedrich (Fritz): Der ehemalige deutsche Mittelfeldspieler, ein perfekter Techniker mit ausgezeichnetem Spielverständnis, war während der FIFA WM 1954 in der Schweiz → Spielführer der deutschen Nationalmannschaft, die das → »Wunder von Bern« schaffte. Fritz Walter wurde als Erster vom → DFB zum → Ehrenspielführer der Nationalmannschaft ernannt. 1985 wurde das Stadion des 1. FC → Kaiserslautern, seines ehemaligen Heimatvereins, in Fritz-Walter-Stadion umbenannt.
GEBOREN: 31. 10. 1920 in Kaiserslautern
GESTORBEN: 17. 6. 2002
SPIELPOSITION: Mittelfeld
VEREIN: 1. FC Kaiserslautern
GRÖSSTE ERFOLGE: Deutscher Meister mit dem 1. FC Kaiserslautern (1951, 1953); Weltmeister mit Deutschland (1954)

Fritz Walter hält als Spielführer der deutschen Nationalmannschaft den bei der WM 1954 in der Schweiz gewonnenen Pokal.

Der pfeilschnelle afrikanische Stürmerstar George Weah im Trikot des AC Mailand

Weah, George Manneh Oppong Ousman: Der liberianische Fußballspieler ist Afrikas Fußballer des 20. Jahrhunderts. Der Stürmer spielte bei vielen bedeutenden europäischen Vereinen und hat sich dabei nicht nur auf dem Platz, sondern auch durch sein soziales Engagement einen Namen gemacht. Einer der besten Fußballspieler aller Zeiten setzt seinen Ruhm und sein Vermögen auch dafür ein, den Menschen auf seinem Heimatkontinent zu helfen.
GEBOREN: 1. 10. 1966 in Monrovia, Liberia
SPIELPOSITION: Angriff
VEREINE: AS Monaco, Paris St. Germain, AC Mailand, FC Chelsea, Manchester City, Olympique Marseille, Al-Jazeera
GRÖSSTE ERFOLGE: Französischer Meister mit AS Monaco (1988) und mit Paris St. Germain (1994); Französischer Pokalsieger mit Paris St. Germain (1993, 1995); Italienischer Meister mit dem AC Mailand (1996, 1999)

Weltclubtrainer des Jahres

1996 Marcello Lippi, Juventus Turin
1997 Ottmar Hitzfeld, Borussia Dortmund
1998 Marcello Lippi, Juventus Turin
1999 Alex Ferguson, Manchester United
2000 Carlos Bianchi, Boca Juniors
2001 Ottmar Hitzfeld, Bayern München
2002 Vicente del Bosque, Real Madrid
2003 Carlos Bianchi, Boca Juniors
2004 José Mourinho, FC Porto, Chelsea London
2005 José Mourinho, Chelsea London

Weitschuss: harter Schuss über eine weite Distanz, meistens mit dem Spann.

Weltclubtrainer des Jahres: Die alljährliche Wahl des weltbesten Vereinstrainers wird seit 1996 von der Internationalen Föderation für Fußballgeschichte und Statistik (IFFHS) veranstaltet. Entscheidend sind Leistung und Erfolg des jeweiligen Trainers. Als Kandidaten qualifizieren sich die erfolgreichsten Vereinstrainer der Welt.

Weltfußballer des Jahres: Seit 1982 wird von der ➔ FIFA und den Trainern der Nationalmannschaften der »Weltfußballer des Jahres« gewählt. Einziger deutscher Preisträger war 1990 und 1991 Lothar Matthäus.

Weltfußballerin des Jahres: Seit 2001 wird auch bei den Frauen die Weltfußballerin des Jahres von den Trainerinnen und Mannschaftsführerinnen der Nationalmannschaften gewählt. Als weltbeste Fußballerinnen wurden bisher Mia ➔ Hamm (USA, 2001, 2002) und Birgit ➔ Prinz (2003, 2004, 2005) geehrt.

Weltmeisterschaft ➔ S. 182.

Weltmeisterschaftsqualifikation: Um in der Endrunde einer FIFA WM spielen zu dürfen, müssen sich außer dem Gastgeber alle Nationalmannschaften in einem Turnier ihrer geografischen Zone qualifizieren. Die Spiele dieser Wettbewerbe sind über viele Monate verteilt, und es ist von Zone zu Zone unterschiedlich, wie viele der Bestplatzierten dann schließlich zu den 32 Mannschaften der FIFA WM-Endrunde gehören.

Ronaldinho (rechts), der Weltfußballer der Jahre 2004 und 2005.

Die Fußball-Weltmeisterschaft

Der Coupe Jules Rimet wurde gestohlen und blieb bis heute verschwunden.

ist der wichtigste internationale Fußballwettbewerb der Nationalmannschaften. Er wird von der FIFA ausgerichtet und findet alle vier Jahre in einem anderen Land statt. Neben den Olympischen Spielen gehört die Weltmeisterschaft zu den Sportereignissen, die weltweit am meisten beachtet werden. Der Sieger erhält seit 1974 den Weltpokal (FIFA World Cup), den er bis zur nächsten WM behalten darf – dann bekommt er eine Kopie.

Die neu Trophä des FIF World Cup wi seit 19 verlieh

Uruguay, 1930 der erste Fußball-Weltmeister

Der Sieg der deutschen Nationalmannschaft in der Schweiz (1954) wird auch »Wunder von Bern« genannt.

Im Endspiel gegen die Niederlande (1974) siegte die Bundesrepublik Deutschland durch Tore von Paul Breitner und Gerd Müller mit 2:1. Kapitän Franz Beckenbauer hält stolz den WM-Pokal in die Höhe.

Ein kurzer Blick in die Geschichte

Die erste Fußball-Weltmeisterschaft 1930 in Uruguay fand ohne deutsche Beteiligung statt. Bei der nächsten WM 1934 in Italien spielte die deutsche Mannschaft um den dritten Platz und besiegte Österreich mit 3:2. Während und kurz nach dem Zweiten Weltkrieg fiel die Weltmeisterschaft zwei mal aus (1942 und 1946), an der ersten WM nach dem Krieg (1950) nahm Deutschland noch nicht teil, danach war die deutsche Nationalmannschaft an allen Fussball-Weltmeisterschaften beteiligt.

Der ursprüngliche Weltpokal (seit 1946 Coupe Jules Rimet genannt) war aus Gold und stellte eine geflügelte Siegesgöttin dar, die in ihren hoch erhobenen Händen eine achteckige Schale trug. Der Pokal wurde bei der WM 1966 in London gestohlen, zum Glück fand der Hund Pickles ihn vor dem Endspiel unter einem Baum wieder. Nachdem Brasilien die WM in Mexiko 1970 zum dritten Mal gewonnen hatte, durf te das Land den Pokal behalten. Ende 1983 wurde er in Rio de Janeiro gestohlen und blieb verschwunden. Seit 1974 wir der Siegermannschaft der neue FIFA World Cup verliehen.

Der Weg zur Fußball-Weltmeisterschaft

Seit 1998 (in Frankreich) nehmen 32 Nationalmannschaften an der Endrunde teil. Da sich aber viel mehr Länder an der WM beteiligen möchten, werden vorher auf jedem Kontinent die teilnehmenden Mannschaften in Qualifikationsrunden ermittelt. Nur die Mannschaft des veranstaltenden Landes ist automatisch qualifiziert (bis 2002 auch der amtierende Weltmeister).

Aus den 32 Teilnehmern der Endrunde werden acht Gruppen zu je vier Mannschaften gelost. In sechs Spielen treten alle Gruppenteilnehmer in der Vorrunde gegeneinander an. Die beiden Ersten aus jeder Gruppe (Punktsieger) qualifizieren sic

Bei der WM 2006 in Deutschland sicherte sich die italienische Nationalmannschaft zum vierten Mal den Titel. Gastgeber Deutschland musste sich mit dem dritten Platz begnügen.

für das ➔ Achtelfinale. Ab hier scheidet der jeweilige Verlierer aus (K.o.-System), die Sieger der beiden Halbfinals spielen um den Weltmeistertitel, die beiden Unterlegenen tragen ein Spiel um den dritten Platz aus.

Deutschland als Fußball-Weltmeister

Nach dem Zweiten Weltkrieg nahm Deutschland erstmals wieder 1954 an der WM teil, sie fand in der Schweiz statt. Die Nationalmannschaft wurde von dem berühmten Sepp ➔ Herberger trainiert. In einem dramatischen Endspiel (dem ➔ »Wunder von Bern«) besiegten die Deutschen den haushohen Favoriten Ungarn mit 3 : 2. Die Radioreportage von dem Spiel wird noch heute gelegentlich wiederholt (»Toor, Toor, Toor ...«), auch ein Spielfilm wurde über das Spiel gedreht. 1974 fand die WM in Deutschland statt. Nach einer Niederlage gegen die DDR (0 : 1) konnte sich die Mannschaft der Bundesrepublik stark steigern und siegte im ➔ Endspiel gegen die Niederlande mit 2:1. Zum dritten Mal wurden die Deutschen 1990 in Italien Fußball-Weltmeister, sie siegten gegen Argentinien mit 1:0. In der damaligen Mannschaft spielte Ex-Teamchef Jürgen ➔ Klinsmann mit.

Goldene Schuhe, Goldene Bälle und Fairplay

Bei einer WM werden mehr Preise als der Pokal verliehen. Seit 1982 stiftet die Sportfirma Adidas einen »Goldenen Schuh« für den Torschützenkönig. In Deutschland (2006) erhielt Miroslav ➔ Klose diese Trophäe. Der »Goldene Ball« geht an den besten Spieler der Endrunde (2006 an Zinédine ➔ Zidane, 2002 an Oliver ➔ Kahn). Zu Ehren des berühmten russischen Torhüters Lew ➔ Jaschin bekommt auch der beste Torhüter eine Auszeichnung (2006 Gianluigi Buffon, 2002 Oliver Kahn). Die fairste Mannschaft des WM-Turniers bekommt den FIFA Fair-Play Award (2006 an Brasilien und Spanien). Eine neue Regelung seit 1994 ist der Publikumspreis für die »unterhaltsamste Mannschaft«. Er wurde 1994 an Brasilien, 1998 an Frankreich, 2002 an Südkorea und 2006 an Portugal verliehen.

CUP

Die Fußball-Weltmeister

Brasilien (5 Titelgewinne) 1958, 1962, 1970, 1994, 2002

Italien (4 Titelgewinne) 1934, 1938, 1982, 2006

Deutschland (3 Titelgewinne) 1954, 1974, 1990

Argentinien (2 Titelgewinne) 1978, 1986

Uruguay (2 Titelgewinne) 1930, 1950

England (1 Titelgewinn) 1966

Frankreich (1 Titelgewinn) 1998

Pokalsiegerin mit dem SV Grün-Weiß Brauweiler (1991, 1994, 1997); Europameisterin mit Deutschland (1991, 1995, 1997, 2001); Weltmeisterin mit Deutschland (2003)

Wien, Austria: Neben dem Stadtrivalen Rapid ➔ Wien ist der Verein aus der österreichischen Hauptstadt einer der erfolgreichsten Fußballclubs Österreichs. Seit den 1920er Jahren heimste der Verein 23 Meistertitel und 25 österreichische Pokalsiege ein. Zehnmal gelang der Austria dabei das Double. In den 1930er Jahren repräsentierten die Wiener Stadtmannschaften Austria und Rapid einen besonders modernen, auf schnellem Kurzpass-Spiel aufbauenden Stil.
GEGRÜNDET: 1. 1. 1911
STADION: Franz Horr Stadion, 11 800 Zuschauerplätze
INTERNET: www.fk-austria.at

Wien, Rapid: Mit 31 Titeln ist der Verein Rekordmeister in der österreichischen Spitzenliga, außerdem hat das Team bereits 14-mal den österreichischen Pokal gewonnen. Eine gewisse Berühmtheit hat der Verein mit der so genannten »Rapid-Viertelstunde« erreicht. In den letzten 15 Minuten ist es Rapid Wien schon mehrmals in seiner Geschichte gelungen, ein scheinbar verlorenes Spiel noch zu seinen Gunsten zu wenden. Entsprechend wird der Verein von seinen Anhängern in der letzten Viertelstunde des Spiels immer besonders gefeiert oder angefeuert.
GEGRÜNDET: 6. 1. 1899
STADION: Gerhard-Hanappi-Stadion, 18 500 Zuschauerplätze
INTERNET: www.skrapid.at

Strittige Torentscheidung in München

Im einem extremen Fall von Fehlurteil kann auch die eigentlich unumstößliche ➔ Tatsachenentscheidung eines Schiedsrichters einmal aufgehoben werden. In einem Spiel des FC Bayern ➔ München gegen den 1. FC ➔ Nürnberg in der Saison 1993/94 entschied der Schiedsrichter auf Tor für den FC Bayern München, nachdem ihm sein Linienrichter versicherte, der Ball sei hinter der Linie gewesen. Der Ball hatte jedoch nicht einmal, wie beim berühmten ➔ »Wembley-Tor«, die Torlinie berührt, sondern war neben das Tor ins Aus gestochert worden. In diesem Fall erklärte der ➔ DFB die Entscheidung und das Ergebnis für ungültig, und das Spiel musste wiederholt werden.

Wimpel: Vor jedem Länderpiel tauschen die beiden ➔ Spielführer die Verbands- und bei Meisterschaftsspielen die Vereinswimpel aus. Diese sollen für die Vereine eine Erinnerung an das Spiel sein.

Winterpause: Spielpause einer Liga im Winter, um Spielausfälle durch schwierige Witterungsbedingungen oder Wettbewerbsverzerrungen durch unterschiedliche

Platzverhältnisse zu vermeiden. In der Bundesliga beginnt die Winterpause nach der ➔ Hinrunde im Dezember und dauert bis zum Januar, dem Beginn der ➔ Rückrunde.

Wolfsburg, VfL: Der Verein aus der VW-Stadt ist im Jahr 1997 in die 1. Bundesliga aufgestiegen. Bereits 1995 konnte Wolfsburg als Zweitligist ins Pokalfinale einziehen. Bei einer UEFA-Pokal-Teilnahme im Jahr 1999 mussten sich die »Wölfe« erst in der dritten Runde Atletico Madrid geschlagen geben. In der Saison 2005/06 rutschte der VfL gegen Ende auf die hinteren Plätze, so dass der Verein erst im letzten Spiel der Saison den Klassenerhalt gegen den 1. FC Kaiserslautern sicherstellen konnte.
GEGRÜNDET: 12. 9. 1945
STADION: Volkswagen Arena, 30 000 Zuschauerplätze
INTERNET: www.vfl-wolfsburg.de

Trainingsauftakt zur Saison 2006/07 beim VfL Wolfsburg. Von links Marian Hristov, Pablo Thiam, Peter van der Heyden und Diego Klimowicz.

Das Wunder von Bern wurde 2003 von Sönke Wortmann verfilmt. Der »kicker« brachte zum 50. Jahrestag eine Sonderausgabe heraus.

Wunder von Bern: Das ist eine oft verwendete Bezeichnung für den legendären Sieg der deutschen Mannschaft im Weltmeisterschaftsfinale 1954 in der Schweiz gegen Ungarn. Die seit 30 Spielen ungeschlagene ungarische Nationalmannschaft ging als haushoher Favorit in die Begegnung im Wankdorfstadion in Bern und führte schon nach acht Minuten mit 2 : 0. Doch schnell gelang der deutschen Mannschaft um Trainer Sepp ➔ Herberger und Kapitän Fritz ➔ Walter durch Tore von Max Morlock und Helmut ➔ Rahn der Ausgleich. In der 84. Minute schoss erneut Rahn den Siegtreffer zum 3 : 2 für Deutschland. Das Wunder von Bern war vollbracht! Die deutsche Nationalmannschaft war zum ersten Mal Fussballweltmeister.

Wunschgegner: Gegner, gegen den eine Mannschaft aus sportlichen oder wirtschaftlichen Gründen gerne spielen würde. Eine bedeutende Mannschaft im eigenen Stadion verspricht hohe Zuschauereinnahmen, ein eher schwacher Gegner einen ziemlich sicheren Punktgewinn oder ein Weiterkommen im Turnier.

XYZ

Yard: britisches Längenmaß, nach dem die Ausmaße der ➔ Spielfeldteile und des ➔ Tores festgelegt sind, da die Grundregeln des Fußballspiels in Großbritannien entstanden sind. So wurde die Torbreite auf acht Yard, der Mittelkreisradius auf zehn Yard, der Abstand der Strafraumlinie zur Torlinie auf 18 Yard und der Abstand zum Strafstoßpunkt auf zwölf Yard festgelegt. Da ein Yard (gerundet) 91,44 Zentimeter lang ist, sind die Maße von Spielfeld und Tor im fast überall sonst auf der Welt verwendeten metrischen System so ungerade: Das Tor ist umgerechnet 7,32 Meter breit, der Mittelkreisradius beträgt 9,15 Meter, die vordere Strafraumlinie liegt 16,5 Meter vor der Torlinie. Nur die Entfernung vom Strafstoßpunkt zur Torlinie ergibt fast wieder einen geraden Wert: Zwölf Yard sind etwa 10,97 Meter – aufgerundet also elf Meter.

Zeit schinden: Führt eine Mannschaft kurz vor Schluss des Spiels, kommt es nicht selten vor, dass sie sich bei ➔ Standardsituationen wie Freistößen, Ecken oder Einwürfen deutlich mehr Zeit lässt, als eigentlich nötig wäre. Damit versucht sie, möglichst viel Spielzeit vergehen zu lassen, in der der Gegner keine Möglichkeit hat, noch zum Torerfolg zu kommen. Erkennt der ➔ Schiedsrichter, dass ein Spieler absichtlich ➔ auf Zeit spielt, kann er ihn mit der ➔ Gelben Karte verwarnen.

Zeitstrafe: Platzverweis auf Zeit für ein regelwidriges Verhalten im Kinder- und Jugendfußball. Der Spieler darf nach der Zeitstrafe weiterspielen. Je nach Alter und Vereinbarung kann der ➔ Schiedsrichter eine Zeitstrafe von zwei, fünf oder zehn Minuten verhängen.

Zeugwart: Angestellter des Vereins, der sich um alles kümmert, was Spieler und Trainer während des Trainings oder beim Spiel brauchen. Er ist verantwortlich für die ➔ Ausrüstung der Mannschaft, schaut nach, dass Schuhe, Trikot und Schützer in Ordnung sind und alles bereit liegt, wenn es gebraucht wird. Vor allem bei Auswärtsspielen muss er darauf achten, dass alles, was die Mannschaft auch im fremden Stadion braucht, vor Ort ist.

Zidane, Zinédine: Der französische offensive ➔ Mittelfeldspieler wurde von Fachleuten als einer der besten Fußballer der Welt angesehen, ist technisch brillant und überzeugt durch Athletik, Eleganz, Spielintelligenz und Einsatzwillen. Seine Übersicht auf dem Platz gilt als unübertroffen. Nach Engagements bei französischen Vereinen und Juventus ➔ Turin bezahlte Real ➔ Madrid für Zidane die bis heute uner-

Der französische Ballkünstler Zinédine Zidane

Kultureller Brückenschlag

Zinédine Zidane wurde als Kind muslimischer Einwanderer aus Algerien groß – und zwar in einem Vorort von Marseille. In Frankreich steht der Nationalstolz hoch im Kurs, und die Spieler der Nationalmannschaft gelten als Helden der Gegenwart. Doch »Zizou«, wie Zidane seit seiner Kindheit liebevoll genannt wird, hat seine nordafrikanischen Wurzeln nicht vergessen. So engagiert er sich für soziale Projekte in Algerien und organisierte nach dem Erdbeben von 2004 ein Benefizspiel für die Opfer der Katastrophe. Dass seine kulturelle Herkunft für Zidane einen Auftrag bedeutet, dafür haben ihn die nordafrikanischen Einwanderer in Frankreich besonders ins Herz geschlossen.

reichte Summe von 76 Millionen Euro, um ihn zum ➔ Spielführer ihrer Mannschaft zu machen. Der dreimalige Weltfußballer des Jahres führte die französische Nationalmannschaft zur Vizeweltmeisterschaft bei der WM 2006. Obwohl er im Endspiel nach einer Roten Karte vom Platz gestellt wurde und so ein eher unrühmliches Ende seiner Spielerkarriere hinnehmen musste, wurde Zidane zum besten Spieler des Turniers gewählt.
Geboren: 23. 6. 1972 in Marseille, Frankreich
Spielposition: Mittelfeld
Verein: Real Madrid (seit 2001)
Grösste Erfolge: Italienischer Meister mit Juventus Turin (1997, 1998); Spanischer Meister mit Real Madrid (2003); Champions-League-Sieger mit Real Madrid (2002); Weltpokalsieger mit Juventus Turin (1996) und Real Madrid (2002); Europameister mit Frankreich (2000); Weltmeister mit Frankreich (1998); Vizeweltmeister mit Frankreich (2006)

Zitterpartie: Spiel, bei dem eine Mannschaft zwar führt, aber unter großer Bedrängnis ist und bis zum ➔ Abpfiff um den Sieg zittern muss.

Zoff, Dino: Der Italiener mit dem hervorragenden Stellungsspiel ist einer der ganz großen Torhüter in der Geschichte des Fußballs. 1982 gewann er im Alter von 40 Jahren die WM und ist damit der älteste Spieler, der jemals einen WM-Titel gewonnen hat. Rekord sind auch die 1143 Minuten in Folge, in denen Zoff keinen Treffer im Länderspieltor hinnehmen musste. Für Juventus ➔ Turin bestritt er insgesamt 570 Spiele. Zoff trainierte nach seiner Spielerkarriere erfolgreich mehrere Erstligamannschaften sowie die italienische Nationalmannschaft, die er im Jahr 2000 bis ins Finale der Europameisterschaft führte.
Geboren: 28. 2. 1942 in Mariano del Friuli, Italien
Spielposition: Torhüter
Vereine (als Spieler): Udinese Calcio, AC Mantova, SSC Neapel, Juventus Turin
Vereine (als Trainer): Juventus Turin, Lazio Rom, AC Florenz
Grösste Erfolge (als Spieler): Italienischer Meister mit Juventus Turin (1973, 1975, 1977, 1978, 1981, 1982); Italienischer Pokalsieger mit Juventus Turin (1979, 1983); UEFA-Cup-Sieger mit Juventus Turin (1977); Europameister mit Italien (1968); Weltmeister mit Italien (1982)

Der italienische Nationalkeeper Dino Zoff, auch »Dino Nazionale« genannt, in Aktion

Grösste Erfolge (als Trainer): Italienischer Pokalsieger mit Juventus Turin (1990); UEFA-Cup-Sieger mit Juventus Turin (1990)

Zürich, Grasshopper-Club: Die »Grashüpfer« sind ein traditionsreicher Schweizer Fußballverein. 27-mal sicherte sich der Schweizer Club seit Ende des 19. Jahrhunderts die Meisterschaft und 18-mal den Schweizer Pokal, beides Rekordmarken für den Fußball in der Schweiz. Die Grasshoppers, die von 1989 bis 1991 erfolgreich von Ottmar ➔ Hitzfeld trainiert wurden, hatten schon so bekannte Spieler wie Stéphane ➔ Chapuisat, Giovane ➔ Elber, Günter ➔ Netzer und Ciriaco ➔ Sforza in ihren Reihen.
Gegründet: 1. 9. 1886
Stadion: Hardturm, 17 666 Zuschauerplätze
Internet: www.gcz.ch

Zusammenspiel: Eine Aktion, in die mehrere Spieler einer Mannschaft eingebunden sind, bezeichnet man als Zusammenspiel.

Zuschauer: alle, die im Stadion oder vor dem Bildschirm ein Sportereignis verfolgen.

Zuspiel: Pass zu einem Mitspieler.

Zweikampf: Kampf zweier Spieler mit erlaubten Mitteln um den Ball. Dafür darf in gewissen Grenzen auch der Körper eingesetzt werden. Ein Mittel des Zweikampfs ist das ➔ Tackling.

Zweite (2.) Bundesliga: zweithöchste Spielklasse in Deutschland. Aus der 2. Bundesliga steigen am Ende jeder ➔ Saison die drei bestplatzierten Vereine in die 1. Bundesliga auf, die drei schlechtesten Erstligateams müssen in die 2. Bundesliga absteigen. Aus der 2. Bundesliga steigen die vier schlechtesten der 18 Mannschaften der Schlusstabelle ab und werden durch vier Aufsteiger aus den Regionalligen ersetzt.

Abbildungsnachweis

Associated Press GmbH, Frankfurt: 116/Murillo; **FK Austria Wien:** 186 o.; Celle'sche Zeitung, Celle: 94 r./Poetsges; **Cinetext Bild- und Textarchiv GmbH, Frankfurt:** 187 r.o.; Picture-Allicance GmbH, Frankfurt: 3/ASA, 6 o./Berlin-Sportarchiv, 6 u./Baum, 9 l./epa efe/Hudpa, 9 r./Tschauner, 11/Weiken, 14, 15 u./ANP/Antonisse, 16 l./Zentralbild, 18 o., 18 u., 19 l./Berg, 19 r./Kneffel, 20, 21, 22/Weissbrod, 23 o./Scheidemann, 23 u./Jensen, 25 l./ASA, 25 r./Berg, 26 o./Dedert, 26 u./Eisenhuth, 28 l./Zentralbild, 28 r./Schnörrer, 30/Kneffel, 31/Rousseau, 32 o.r./Thissen, 32 o.l./Zentralbild, 32 u./Zentralbild, 33 l./Empics, 33 r./Zentralbild, 34/Breloer, 35 l./Zentralbild, 35 r., 36 o., 36 u.r., 36 u.l./epa afp/Scorza, 37/UPI, 38 o./Zentralbild, 38 u./Multhaupt, 39, 40 o./Empics S&g/Alpha, 40 u./Montefort, 41 l./Zentralbild, 41 r./Empics/ Simpson, 42 o./Scheidemann, 42 u./Matzke, 43 o., 43 u./afp/Dennis, 44/Empics/Robinson, 45/Altwein, 46 o./epa AFP/Julien, 46 u./Berg, 47 o.kl. Foto/Bertram, 47 o.gr. Foto/ANP, 47 u./Schirner-Sportfoto, 48 l./ Hanschke, 48 r./Ossinger, 49/epa apa, 50 l./Werek, 50 u./Weihrauch, 51/Schrader, 52/Europa Press, 53 o.l./Settnik, 53 o.r./Zentralbild, 53 r./Empics/Ashton, 54 l./Zentralbild, 54 r.u./Weihrauch, 56 o./Deck, 56 u./Zentralbild, 58/ASA/Werek, 59 l., 60 l., 60 r./AFP, 60 u./Empics S&g, 61 o./Berg, 61 u./LaPresse/Baldasseroni, 62 o., 62 u., 63 l./Empics/, 63 l.o./Abaca, 64/May, 65/Berg, 66/Vennenbernd, 68 l./Zentralbild, 68 r./ Heyder, 69 r./afp, 71 o.l./Zentralbild, 71 o.r., 71 u.l./Zentralbild, 71 u.r./Weissbrod, 72 l./Zentralbild, 72 r./Wittek, 74 o./Icon/Mead, 74 u./Parschauer, 75 o./Hanschke, 75 u./Heyer, 76 l./Empics, 76 r./Hanschke, 77 l./Dedert, 77 r./DB, 78/Cheng, 80 u.l., 80 u.r./Pressensbild, 81 o., 81 u., 82/Heyer, 84 r./LaPresse/Nucci, 85 l./Holschneider, 85 r., 86 l./ANP, 86 r./Berg, 88/akg-images, 89/epa, 90 o./Kneffel, 90 u., 91/epa/Forra, 92 l./Zentralbild, 92 r., 92 u., 93 l., 93 r., 94 u./Simoes, 94 o., 95 o.l./Villagran, 95 o.r./ ASA/Schmidt, 95 u./Gambarini, 96 o., 96 u., 97, 98 l./Zentralbild, 98 r./Zentralbild, 99 o., 99 u./Scheidemann, 100/Egerton, 101 o./Jaspersen, 101, 103 l.o./Votava, 103 r.u./Scheidemann, 102 u./Scheidemann, 103/Kumm, 104 o./Eisenhuth, 104 u./Matzke, 105 o./Egerton, 105 u./Zentralbild, 106 r., 107 o.l., 107 o.r., 107 u.l./Zentralbild, 107 u.r./Dedert, 108 l./Zentralbild, 108 r./Schrader, 109 o.l./Bajzat, 109 o.r./Zentralbild, 109 u.r./Zentralbild, 109 r.M./Zentralbild, 110 l./Werek/Haupt, 112 l./epa/Tschaen, 113 o./Hanschke, 114 o./Egerton, 115 o./epa/AFP, 115 u.l./Zentralbild, 115 u.r./Goebel, 116 l./Zentralbild, 116 r.M../ASA/Matzke, 116 r.u./Schrader, 117/Matzke, 118 l./LaPresse/Nucci, 118 r./Jaspersen, 119 o., 119 u.r., 119 u.l./Suki, 120 o.r./ASA/ Matzke, 120 u.l., 121 l.//May, 121 r./Davy, 122 o.l./Zentralbild, 122 u.l./Zentralbild, 122 r./ANSA/Marvisi-Benvenuti, 125, 126/Hanschke, 127/epa AFP/Kovarik, 128 o.l./Zentralbild, 128 u.l./Zentralbild, 129/ Stettnik, 132/Scheidemann, 133 l., 133 r./ LaPresse/Rosi, 135/LaPresse/Baldasseroni, 136/Sayao, 137/Egerton, 138 l./Zentralbild, 138 o.r./Zentralbild, 138 u./LaPresse/Moscrop, 139/Kumm, 140 l./Seeger, 141 l./Zentralbild, 141 r./Multhaupt, 142/Matzke, 143 l./Tschauner, 143 r.u., 146 o./Berg, 145, 146/Schnörrer, 147 o./epa anp/Oudenaarden, 147 u./Hervio, 148, 149 o./Tischler, 151 l./Zentralbild/Eisenhuth, 151 r./Hanschke, 153/epa/Veiga, 155/Hanschke, 158/Wittek, 159, 162 l./Zentralbild, 162 o.r./Zentralbild, 162 u./Suki, 165/Rumpenhorst, 168/epa/ASA/ Hevezi, 169 l./Scheidemann, 169 r./Scheidemann, 170/Zentralbild, 171 l./Zentralbild, 171 r. epa efe/Ballesteros, 172 l./Zentralbild, 172 o., 173 r., 174/Zentralbild, 175/Hanschke, 177 l./Berg, 177 r./LaPresse/Bellini, 178, 179/UPI, 180 r./Berg, 181/Sampics/Matzke, 182 M./Koll, 182 o.l./London Express, 182 l.2.v.o./Empics, 182 u./Reeh, 183/Nietfeld, 184 l./ASA/ Werek, 184 r./Weiken, 185/Baum, 186 u./Heading, 187 o.l./Zentralbild, 187 r.u./Kicker Sportmagazin, 187 u.l./Lux, 188/Abaca/Nebinger, 190 o., 190 u.; **Horstmüller, Düsseldorf:** 140 r.; **Interfoto, München:** 70 l./LOOKback/Martini; **Sportfreunde Siegen:** 149 u.; **TopFoto, Kent:** 137/ProSport, 180 l., 182 o.r./National Pictures/ Emmet; **Wissen Media Verlag GmbH, Gütersloh:** 80 o.

Abbildungen auf dem Cover: Picture-Allicance GmbH, Frankfurt.